Limpieza espiritual

La guía definitiva para la protección psíquica, reiki, formas de limpiar sus chakras, aura, y elevar su vibración

© Copyright 2024

Todos los derechos reservados. Ninguna parte de este libro puede ser reproducida de ninguna forma sin el permiso escrito del autor. Los revisores pueden citar breves pasajes en las reseñas.

Descargo de responsabilidad: Ninguna parte de esta publicación puede ser reproducida o transmitida de ninguna forma o por ningún medio, mecánico o electrónico, incluyendo fotocopias o grabaciones, o por ningún sistema de almacenamiento y recuperación de información, o transmitida por correo electrónico sin permiso escrito del editor.

Si bien se ha hecho todo lo posible por verificar la información proporcionada en esta publicación, ni el autor ni el editor asumen responsabilidad alguna por los errores, omisiones o interpretaciones contrarias al tema aquí tratado.

Este libro es solo para fines de entretenimiento. Las opiniones expresadas son únicamente las del autor y no deben tomarse como instrucciones u órdenes de expertos. El lector es responsable de sus propias acciones.

La adhesión a todas las leyes y regulaciones aplicables, incluyendo las leyes internacionales, federales, estatales y locales que rigen la concesión de licencias profesionales, las prácticas comerciales, la publicidad y todos los demás aspectos de la realización de negocios en los EE. UU., Canadá, Reino Unido o cualquier otra jurisdicción es responsabilidad exclusiva del comprador o del lector.

Ni el autor ni el editor asumen responsabilidad alguna en nombre del comprador o lector de estos materiales. Cualquier desaire percibido de cualquier individuo u organización es puramente involuntario.

Su regalo gratuito

¡Gracias por descargar este libro! Si desea aprender más acerca de varios temas de espiritualidad, entonces únase a la comunidad de Mari Silva y obtenga el MP3 de meditación guiada para despertar su tercer ojo. Este MP3 de meditación guiada está diseñado para abrir y fortalecer el tercer ojo para que pueda experimentar un estado superior de conciencia.

https://livetolearn.lpages.co/mari-silva-third-eye-meditation-mp3-spanish/

¡O escanee el código QR!

Índice de contenidos

INTRODUCCIÓN 1
CAPÍTULO 1: USTED Y SU BIENESTAR ESPIRITUAL 4
CAPÍTULO 2: SU AURA Y LOS CHAKRAS 101 14
CAPÍTULO 3: LIMPIEZA DEL AURA Y LOS CHAKRAS 28
CAPÍTULO 4: MEDITACIÓN PARA ELEVAR SU VIBRACIÓN 39
CAPÍTULO 5: EL PODER CURATIVO DEL REIKI 49
CAPÍTULO 6: LIMPIEZA DE ENERGÍA CON REIKI 61
CAPÍTULO 7: PURIFICARSE O NO CON SAHUMERIOS 72
CAPÍTULO 8: BAÑOS ESPIRITUALES DE LIMPIEZA Y PROTECCIÓN 84
CAPÍTULO 9: PURIFICACIÓN Y PROTECCIÓN CON CRISTALES 95
CAPÍTULO 10: LIMPIEZA Y PROTECCIÓN DE SUS SERES QUERIDOS 105
GLOSARIO DE HIERBAS ÚTILES 115
CONCLUSIÓN 121
VEA MÁS LIBROS ESCRITOS POR MARI SILVA 123
SU REGALO GRATUITO 124
REFERENCIAS 125

Introducción

¿Está buscando formas de protegerse de la energía negativa y elevar su vibración? Si es así, ha llegado al lugar correcto. En esta guía definitiva para la limpieza espiritual, aprenderá los fundamentos de la protección psíquica, cómo utilizar el reiki para enviar energía curativa, cómo limpiar y equilibrar sus chakras, limpiar la energía negativa de su aura y elevar su vibración a una frecuencia más alta. Compuesto por 10 capítulos minuciosamente investigados y revisados por expertos sobre todas las cosas espirituales, seguir los consejos de este perspicaz libro le permitirá protegerse de la energía negativa y vivir una vida de vibraciones positivas.

El capítulo uno (usted y su bienestar espiritual) le ilustrará sobre la importancia de la limpieza y el bienestar espiritual. Responde a las preguntas más frecuentes, entre ellas:

- ¿Por qué debo preocuparme por mi bienestar espiritual?
- ¿Por qué debo aprender a limpiarme espiritualmente y a protegerme a mí mismo o a mi hogar? ¿De qué me estoy limpiando o protegiendo?
- ¿Cómo sé que estoy limpio y protegido?
- ¿Cualquiera puede practicar la limpieza espiritual?
- Y mucho más.

A través de esto, aprenderá habilidades valiosas para mejorar su calidad de vida y despejar su mente. Al examinar qué son los chakras, de dónde vienen, su propósito y por qué son esenciales, el capítulo dos (su aura y los chakras 101) proporciona una visión general de cómo fluye la energía a través de las fuerzas vitales. Profundiza en cada uno de los símbolos de los chakras, sus nombres en sánscrito, sus orígenes, su ubicación y cómo pueden influir en usted. Aprenderá sobre su aura para gozar de buena salud, vitalidad y una actitud positiva.

Una vez que entienda cómo se conectan su mente y su cuerpo, el capítulo tres (limpieza de su aura y los chakras) le enseñará cómo limpiar y desbloquear cada chakra y limpiar su aura. Esto le permitirá avanzar hacia la felicidad y la paz. El capítulo cuatro (meditación para elevar su vibración) proporciona una visión de la frecuencia vibratoria y de cómo puede ayudarle emocionalmente. Descubrirá instrucciones claras, prácticas y paso a paso para realizar un sencillo ejercicio de meditación para elevar su vibración y muchos más consejos valiosos para personas ocupadas.

El capítulo 5 (el poder curativo del reiki) le presenta el poder del reiki, cómo funciona y cómo puede utilizarlo para su beneficio. Hay muchos consejos y trucos para ponerlos en práctica y aplicarlos a su vida. No se preocupe si no está familiarizado con el concepto de reiki, ya que la práctica se explica minuciosamente. El capítulo seis (limpieza de energía con reiki) se pone un poco más emocionante con ejercicios prácticos para limpiar la energía no deseada a través de varias técnicas de reiki. En el capítulo siete (purificarse o no con sahumerios) aprenderá sobre la purificación y por qué algunos consideran controversial este método de limpieza. No obstante, hay muchas ilustraciones e instrucciones claras sobre cómo crear un sahumerio con hierbas accesibles. A continuación, puede utilizar el sahumerio para limpiarse a sí mismo, su hogar y a otras personas u objetos.

¿En qué se diferencia un baño espiritual de cualquier otro baño? Esta pregunta se responde en el capítulo ocho (baños espirituales de limpieza y protección). Descubrirá los beneficios de los baños espirituales y algunas recetas creativas con ingredientes e instrucciones claras paso a paso para crear un baño espiritual de limpieza y protección. En el capítulo nueve (purificación y protección con cristales), se habla de los cristales y las piedras como métodos de limpieza y protección. Se incluye una lista exhaustiva de los distintos cristales que se pueden utilizar y sus significados espirituales.

Una vez que haya aprendido a limpiarse y protegerse a sí mismo, en el capítulo diez (limpieza y protección de sus seres queridos) se le muestra cómo mantener a los demás espiritualmente a salvo, estén donde estén. El libro termina con un glosario detallado de hierbas útiles para la limpieza espiritual.

Capítulo 1: Usted y su bienestar espiritual

La limpieza espiritual es una parte integral del mantenimiento de su bienestar mental y emocional. Es la purificación de su espíritu y de su campo energético para que esté más conectado con su yo superior y con la esencia divina que le rodea. A través de este viaje, reconectará con su sabiduría interior, obtendrá claridad sobre los retos de la vida y abrirá su corazón a una mayor alegría y satisfacción. Al participar en la limpieza metafísica, descubrirá el propósito de su vida y una mayor sensación de paz y bienestar. Este capítulo le guiará a través de este sólido proceso para que pueda crear equilibrio y armonía en su interior y en su vida, y liberarse de cualquier energía negativa que le impida alcanzar su máximo potencial.

Su bienestar espiritual debe ser siempre una prioridad
https://pxhere.com/en/photo/1394621

La importancia del bienestar espiritual

El bienestar espiritual es la base de una vida sana y plena. Abarca el bienestar de la mente, el cuerpo y el alma, y es esencial para alcanzar la paz interior y la felicidad. No se puede exagerar la importancia del bienestar espiritual, ya que es crucial para dar forma a sus pensamientos, sentimientos y acciones.

Perseguir el bienestar espiritual implica desarrollar una sólida conexión con su yo interior y con un poder o fuerza superior que gobierna el universo. Gracias a ello, adquiere dirección y sentido en la vida y comprende la razón de su existencia. Cuando se siente realizado espiritualmente, está mejor preparado para afrontar los retos y las complejidades de la vida. Es más resistente y puede manejar mejor el estrés y la adversidad. Además, el bienestar espiritual está estrechamente relacionado con la salud física y mental. Una investigación publicada en el *Diario de estudios sobre la felicidad* muestra que las personas espiritualmente satisfechas tienen más probabilidades de tener una visión positiva de la vida y son menos propensas a la depresión y la ansiedad. Tienen niveles más bajos de hormonas del estrés en el organismo, lo que reduce el riesgo de desarrollar enfermedades crónicas, como cardiopatías, diabetes y cáncer. El bienestar espiritual cultiva virtudes como la compasión, el perdón y la gratitud. Estas cualidades son esenciales para construir relaciones sólidas y satisfactorias con los demás y crear comunidad y pertenencia. Le animan a ser más empático y comprensivo con los demás y a ver el mundo desde diferentes perspectivas.

En última instancia, el bienestar espiritual es vital para llevar una vida plena y significativa. Enriquece la vida, proporciona un propósito, facilita el afrontamiento del estrés y la adversidad y favorece el bienestar físico y mental. Puede llevar una vida más alegre, compasiva y productiva, dando prioridad a su bienestar espiritual.

La limpieza espiritual fomenta el bienestar espiritual

La limpieza espiritual es una antigua práctica utilizada durante siglos para limpiar la mente, el cuerpo y el espíritu de energías negativas. Sus orígenes se remontan a diversas culturas y religiones, como el hinduismo, el budismo y las tradiciones de los nativos americanos.

- En el hinduismo, la limpieza espiritual se denomina "*shuddhi*" e incluye el uso de mantras, meditación y yoga.
- En el budismo, la limpieza espiritual se conoce como "pureza de mente", la práctica de la atención plena, la meditación y la autorreflexión.
- Las tradiciones nativas americanas tienen métodos únicos de limpieza espiritual, como la limpieza con salvia, hierba dulce o cedro.

En cada método, la energía, las emociones y los pensamientos negativos se eliminan y se sustituyen por energía positiva.

Razones por las que su bienestar necesita un estímulo

La contaminación espiritual es un concepto interesante de explorar y puede tener un profundo impacto en su vida. Merece la pena dar un paso atrás para analizar la contaminación del espíritu y cómo se produce. En esencia, la contaminación de la salud interior es una agitación ambiental que afecta al bienestar espiritual, y ocurre de dos maneras.

1. En primer lugar, puede estar causada por factores ambientales físicos, como la contaminación, el ruido y el hacinamiento. Esta toxicidad puede afectar directamente al bienestar mental y emocional, dañando el entorno natural y perturbando su paz mental.
2. La segunda forma en que puede producirse la contaminación espiritual es a través de factores más intangibles, como los pensamientos, las creencias y los valores. Este estrés está causado por su estado mental y emocional. Los pensamientos, creencias y valores negativos pueden tener un efecto insidioso en la conexión divina, ya que pueden erosionar gradualmente el optimismo, la gratitud y la relación con lo divino.

En última instancia, la contaminación espiritual es algo de lo que todo el mundo debe ser consciente. Ya sea de naturaleza física o psicológica, puede tener un impacto devastador en la vida. Debe ser consciente de su entorno y sus pensamientos y hacer todo lo posible por mantenerlos libres de contaminación para combatirla y garantizar que su salud interior se mantenga fuerte y vibrante.

Cómo saber si necesita una limpieza espiritual

Todo el mundo está expuesto a cierto grado de contaminación espiritual en su vida diaria, a través de los medios de comunicación, el entorno o incluso sus acciones. Pero, ¿cómo saber cuándo ha llegado el momento de darle a su espíritu una buena limpieza? He aquí algunas señales que indican que ha llegado el momento de hacer examen de conciencia y limpiarse de influencias perjudiciales.

La primera señal es la sensación de estar estancado. Si se siente estancado e incapaz de avanzar, puede que haya llegado el momento de mirar hacia dentro y eliminar todo lo que le retiene. Pueden ser ideas o pensamientos negativos, pautas de comportamiento o incluso relaciones tóxicas que le impiden desarrollar su verdadero potencial.

Otra señal son los síntomas físicos como la fatiga, los dolores de cabeza o el agotamiento. Si está sintiendo estos síntomas físicos y no puede deshacerse de ellos, podría ser una señal de que algo más profundo está ocurriendo, y posiblemente su espíritu está cargado de energía dañina.

La última señal es sentirse desconectado de sí mismo y de su propósito general. Si se limita a seguir la corriente y no vive la vida al máximo, es hora de dar un paso atrás y purificarse del ego. Una limpieza espiritual puede ayudarle a eliminar las vibraciones negativas que bloquean su conexión con su verdadero yo y a reconectar con su propósito superior.

Con toda esta charla sobre el bienestar personal, puede que se pregunte si puede utilizar la sanación espiritual en cosas no físicas. La respuesta es rotundamente sí. Esta práctica se basa en la energía desfavorable atrapada en un espacio, creando una atmósfera de miedo, tristeza o ira si no se controla. La purificación elimina esta fuerza nociva, creando una atmósfera más positiva y pacífica en el hogar.

Suponga que experimenta alguno de los signos anteriores. En ese caso, es hora de dar un paso atrás y darse una buena limpieza del alma, reconectar con su verdadero yo y avanzar en la vida con mayor claridad y propósito. La buena noticia es que cualquiera puede dedicarse a la limpieza espiritual. No es una actividad exclusiva de una religión o sistema de creencias concreto. Todo el mundo puede beneficiarse de ella, independientemente de su origen. La clave del éxito de la purificación metafísica es centrarse en sí mismo y en su conexión con el mundo natural.

El papel de la limpieza espiritual y el bienestar

La limpieza y el bienestar espirituales son conceptos que han existido durante siglos, pero que recientemente se han hecho más populares a medida que la gente es más consciente del poder de la energía. Se trata de una práctica que utiliza diversos rituales, símbolos y técnicas para limpiar la energía negativa de su vida y atraer la energía positiva.

Energía espiritual

La energía espiritual es la fuerza vital que está dentro de cada persona y a su alrededor en todo momento. Es un poder que existe en un nivel energético, por lo que es difícil de medir, pero sin duda está ahí. Es la fuerza vital que le conecta con el mundo divino y el poder de abrirle a su yo espiritual y a los cuerpos espirituales de los demás. A menudo se describe como una fuerza vital conectada a su alma. Esta energía le ayuda a ser más consciente de su interior y a comprenderse mejor a sí mismo y al mundo que le rodea. Esta energía también está relacionada con el aura, un campo energético que le rodea.

El aura contiene el poder divino que hay en nuestro interior y nos protege de las influencias externas. La energía del reino espiritual puede utilizarse de muchas formas, como la curación y la manifestación. Cuando se utiliza correctamente, este poder divino se convierte en una poderosa herramienta para alcanzar sus objetivos. Es una forma estupenda de conectar con el mundo espiritual porque permite ser más consciente de las sutilezas de la vida que a menudo se dan por sentadas. Al conectar con su energía espiritual, aprende a confiar en su intuición y a utilizar su energía espiritual para manifestar lo que desea en la vida.

Cómo afecta la limpieza espiritual a la energía espiritual

El papel de la limpieza espiritual y el bienestar es a menudo malentendido por muchos. Pero en última instancia, es el concepto de que cada persona comprende un cuerpo físico, un alma y un aura. El cuerpo físico es lo que ve y siente, el alma es la energía que compone su ser, y el aura es el campo de energía que le rodea. Su cuerpo físico es tan importante como su estado espiritual. Su alma comprende energías que están en constante movimiento, y estas energías afectan a su salud física y mental.

- **La limpieza del aura** es una purificación espiritual que restaura el poder natural del aura, el campo de energía que rodea su cuerpo físico. Esta limpieza del aura ayuda a eliminar la energía no deseada o estancada y restaura el flujo de vitalidad en el aura. Le protege de las influencias perjudiciales que afectan a su bienestar físico, mental y espiritual.
- **El bienestar espiritual** es vital para el bienestar general. Consiste en ser consciente de las necesidades de su alma y tomar medidas para asegurarse de que vive en armonía con su yo espiritual, lo que incluye dedicarse a actividades espirituales como la meditación, la visualización y la oración. Es ser consciente de sus pensamientos y sentimientos y asegurarse de que vive alineado con su yo más elevado.

Cuando se está desequilibrado espiritualmente, la energía se bloquea o se estanca, lo que provoca problemas físicos, emocionales y mentales. El objetivo final es fomentar el autoconocimiento y el crecimiento espiritual. Al eliminar los sentimientos negativos, el individuo sintoniza mejor con su yo espiritual y comprende sus necesidades y deseos espirituales. Le ayuda a hacer elecciones y tomar decisiones alineadas con su bien más elevado.

El rejuvenecimiento espiritual y el bienestar son aspectos importantes del bienestar. Eliminan la energía negativa y restauran el equilibrio natural del cuerpo espiritual. Fomentan la atención a las necesidades espirituales y garantizan una vida armoniosa con su verdadero yo. Mediante la práctica de ejercicios metafísicos se pueden limpiar las energías nocivas y participar en actividades que fomenten la autoconciencia y el crecimiento espiritual, lo que conduce a un mayor bienestar y equilibrio.

El acto de la limpieza espiritual

El bienestar espiritual es de suma importancia en el mundo actual. Viviendo en un mundo de energía, mantener su energía espiritual limpia y segura es esencial para asegurar el bienestar mental y físico. Aprender a desintoxicarse y a protegerse espiritualmente a sí mismo o a su hogar es esencial para crear límites protectores con las personas y las situaciones que le deprimen. Tanto si es espiritual como si no, comprender cómo realizar una purificación espiritual puede ser

excepcionalmente beneficioso. A continuación, se enumeran algunas de las muchas razones para la limpieza espiritual:
- Para reducir el estrés, la preocupación, el miedo, la ira, la duda u otras emociones desagradables.
- Para protegerse de influencias externas como maldiciones, maleficios u otras energías negativas.
- Para aumentar la claridad mental y la concentración.
- Para traer paz y equilibrio a su vida.
- Para reducir los síntomas físicos de la energía negativa.
- Para mejorar las relaciones con los demás.
- Para promover el propósito de la vida.
- Para aumentar la conexión consigo mismo.

La razón principal es que limpiar su espíritu puede eliminar las malas vibraciones y ayudarle a restablecer sus niveles de energía. Cuando la mala energía se acumula en su vida, es difícil centrarse en lo positivo y mantenerse en un buen estado mental. Realizar un ritual de purificación despejará esta energía tóxica, permitiéndole avanzar con una perspectiva fresca. La purificación le beneficiará en momentos de estrés o dificultad, ya que proporciona calma en medio del caos para aportar tranquilidad y paz. Además, el acto aumentará su intuición, permitiéndole tomar mejores decisiones y mantenerle en sintonía con su voz interior. Por último, al aprender a realizar una limpieza espiritual se conecta más profundamente con el mundo espiritual. Aprenderá a abrirse a nuevas ideas y percepciones y a conectar con un poder superior que puede proporcionarle guía y sabiduría.

¿Qué ocurre durante y después de la limpieza espiritual?

La limpieza espiritual es un proceso poderoso que ayuda a limpiar las vibraciones negativas y a reconectar con su yo superior. Puede abrir la puerta a la manifestación de deseos y a la curación de traumas emocionales, estableciendo una intención y utilizando diversas técnicas para limpiar los bloqueos energéticos. La acción comienza con la intención de limpiar la energía no deseada que bloquea su progreso espiritual. La mejor manera es visualizando una luz blanca que fluye a través de su cuerpo, lavando todas las vibraciones no deseadas. Otros

métodos incluyen:
- Quemar salvia u otras hierbas apropiadas
- Sanación con cristales
- Recitar mantras o afirmaciones
- Meditación
- Visualización
- Purificación con sahumerios

Una vez completada la purificación, se sentirá más ligero, más equilibrado y más conectado con su yo superior.

Cómo es la limpieza espiritual

Algunos elementos clave son esenciales para la limpieza espiritual y la protección.

1. En primer lugar, necesita una mente abierta. Para aprovechar al máximo la limpieza espiritual, debe aceptar que existen fuerzas más allá de lo que puede ver u oír. Requiere la voluntad de dar un salto de fe y estar abierto a las posibilidades que existen más allá del mundo físico.

2. En segundo lugar, necesita una conexión personal con el mundo superior a través de la meditación, la oración u otra práctica espiritual. La conexión con el reino espiritual le permite acceder a la energía y al poder curativo del mundo espiritual, para purificar y salvaguardar su vida.

3. En tercer lugar, necesita conocer las técnicas de purificación y protección espiritual. Hay muchas formas para purificarse y protegerse, y es importante entender las diferentes técnicas y cómo funcionan. Esto le permite aplicar los métodos para obtener el máximo provecho de ellos.

4. Por último, debe tener paciencia y concentración. Todo este esfuerzo requiere tiempo y esfuerzo, por lo que es fundamental tener paciencia y concentración para seguir adelante, porque al final merece la pena. A medida que desarrolle y refine su técnica, utilizará la purificación espiritual y la salvaguarda de forma más eficaz y eficiente.

Esencialmente, el proceso de sanación es la única forma de mejorar su bienestar.

Cómo se siente un espíritu purificado

La sensación de estar limpio y protegido es difícil de describir, pero cuando la experimente, lo sabrá. Después de una buena limpieza, sentirá una sensación general de paz y bienestar. Sentirá una mayor claridad que antes no tenía y una protección que le protegerá de las energías negativas del mundo. Es una sensación que a menudo se describe como estar envuelto en una burbuja de paz y amor. Experimentará una mayor conciencia de sí mismo y de lo que le rodea. A medida que experimente esto, estará más en sintonía con su intuición y más conectado con el mundo espiritual. Además, le afectarán menos el estrés y la negatividad del mundo que le rodea y estará más en contacto con su poder interior.

La vida moderna puede ser a veces estresante, por lo que es fácil perder el rumbo. Inevitablemente, habrá días en los que su limpieza se sienta más débil de lo habitual, por mucho que se esfuerce en mejorar. Sin embargo, no debe preocuparse por ello, ya que es fácil volver a ponerse en marcha porque todo lo que ha hecho hasta ahora implica sintonizar con su energía interior, su aura y su espíritu. Todo lo que tiene que hacer es volver a conectar consigo mismo, normalmente a través de la meditación. La meditación despejará su mente y le ayudará a conectar consigo mismo más profundamente. Mientras medita, concéntrese en sentirse limpio y protegido. Visualice una burbuja protectora de luz a su alrededor e imagine que la energía amorosa del universo lava la energía negativa que se aferra a usted. En última instancia, sentirse rejuvenecido y seguro es una experiencia única que se deja a la interpretación individual. Este sentimiento no se puede forzar, así que tómese su tiempo para relajarse y conectar consigo mismo, permitiendo que el sentimiento surja de forma natural. Solo así estará más cerca de convertirse en la mejor versión de sí mismo.

La limpieza espiritual es cada vez más popular entre personas de todas las edades y procedencias. Es un método antiguo para restablecer el equilibrio y la armonía de la mente, el cuerpo y el alma. Este proceso se utiliza como protección y para elevar su vibración. Le ayudará a eliminar el chi estancado, los bloqueos emocionales y los patrones negativos de su vida, y es una parte esencial del crecimiento espiritual y el autocuidado. Utilícela para abrir sus canales de energía espiritual, crear una asociación abierta y clara con su yo superior y conectar con el poder divino que lleva dentro. La purificación del espíritu puede realizarse mediante diversos rituales, como el uso de salvia o palo santo para limpiar el chi negativo, el uso de cristales o baños para limpiar la energía no deseada, o la meditación o el canto de mantras para elevar la vibración. En última instancia, la limpieza espiritual es una forma poderosa de conectar consigo mismo y con lo divino, a la vez que proporciona protección y una vibración más elevada.

Capítulo 2: Su aura y los chakras 101

Si está interesado en la limpieza espiritual, debe conocer su aura y sus chakras. Los que practican utilizan su conocimiento de estos sistemas para enviar y recibir energías curativas, aumentar la autoconciencia y manifestar resultados positivos en la vida. Este capítulo explora los fundamentos de estos conceptos y cómo manifestar su máximo potencial. Aprenderá qué son, cómo puede percibirlos y trabajar con ellos, y las diferentes formas de utilizarlos para el crecimiento personal. Una mejor comprensión de las auras y los chakras desbloqueará la energía potencial de su cuerpo para alcanzar sus metas y cumplir sus sueños. Por lo tanto, vamos a empezar en su viaje para desbloquear su energía.

Usted necesita obtener una comprensión más profunda de su aura y los chakras para alcanzar la iluminación final

https://pixabay.com/es/illustrations/meditaci%c3%b3n-espiritual-yoga-zen-6988318/

Su fuerza vital

La energía ha sido una fuerza que fluye a través de todos los seres vivos durante siglos. Es esencial para la existencia humana, reconocida como un componente vital del bienestar físico y mental. Muchas culturas tienen sus nombres para esta energía:

- *Qi* en la medicina china
- *Chi* en japonés
- *Prana* en ayurveda

Su energía, o qi, chi o prana, es la fuerza que fluye por todo su cuerpo y sustenta su existencia energética. Los chakras, los siete centros energéticos situados por todo el cuerpo, son los responsables de regular el flujo de energía. Cada chakra está asociado a un color, un elemento y una parte del cuerpo específicos. Cada uno tiene propiedades únicas asociadas a órganos, sentimientos y cualidades espirituales específicas.

La energía que fluye a través de los chakras suele describirse como un río. Comienza en el chakra raíz, en la base de la columna vertebral, y asciende por los otros seis chakras. Cada chakra es como una presa que regula la circulación de la energía y garantiza su distribución uniforme por todo el cuerpo. Cuando un chakra está bloqueado o no funciona correctamente, interrumpe el flujo de energía y causa problemas en otras zonas del cuerpo.

Su aura

¿Alguna vez ha sentido que percibía ciertas vibraciones o energías de otras personas? Eso es su aura. Su aura es el campo de energía que rodea el cuerpo y emana de su interior. Es como un halo de colores que da una idea de su estado emocional, físico y espiritual. Su aura está influenciada por sus chakras y viceversa. Cuando los chakras están equilibrados y abiertos, su aura será brillante, vibrante y llena de energía positiva. Sin embargo, si los chakras están bloqueados o desequilibrados, el aura aparece apagada, turbia u oscura. El aura puede verse afectada por factores externos, como las personas y el entorno.

Visión general del sistema de chakras

Su aura y sus chakras son fuerzas poderosas e influyentes con el potencial de moldearle. Forman parte del mismo sistema energético y

trabajan juntos, creando su salud energética general.
- El aura es el campo de energía que rodea e interpenetra el cuerpo físico y comprende múltiples capas energéticas.
- Los chakras son los siete centros energéticos principales del aura que corresponden a diferentes estados físicos, emocionales, mentales y espirituales.

Cómo se conectan el aura y los chakras

El aura y los chakras están estrechamente conectados y entrelazados. Juntos, actúan como un filtro para la energía que recibe del mundo exterior y la energía que expulsa al mundo. El aura es el campo energético que rodea el cuerpo y tiene distintas capas, cada una de las cuales representa un aspecto del ser físico, mental y espiritual. Estas capas están conectadas a los siete chakras (centros de energía) y sirven de puerta entre los reinos físico y espiritual. Los chakras y el aura trabajan juntos para mantener el equilibrio energético y manifestar el propósito de su vida. La energía de los chakras fluye a través del aura hacia el exterior y la energía del entorno vuelve a entrar. Cuando los chakras y el aura están equilibrados, la energía fluye libremente, permitiendo la energía positiva, la creatividad y el crecimiento espiritual. Sin embargo, cuando los chakras y el aura están desequilibrados, pueden producirse bloqueos físicos, mentales y emocionales, así como energía negativa. Entender y trabajar con su aura y sus chakras puede aumentar su flujo de energía, equilibrar sus emociones y crear un cambio positivo en su vida.

¿Qué son los chakras?

El origen de los chakras es un tema que ha fascinado a muchas personas durante siglos. Se desarrollaron para ayudar a la gente a comprender la compleja relación entre la mente, el cuerpo y el espíritu. Con el paso de los años, el concepto de los chakras se ha extendido más allá de las fronteras de la India. Se ha convertido en un tema popular de estudio y práctica en muchas partes del mundo. Hoy existen innumerables libros, talleres y clases dedicados a explorar la naturaleza de los chakras y su papel en la salud y el bienestar generales.

Los chakras son puntos energéticos del cuerpo, concretamente a lo largo de la columna vertebral, que influyen enormemente en la salud y el bienestar. Hay siete chakras principales:

- El chakra raíz (Muladhara)
- El chakra sacro (Svadhishthana)
- El chakra del plexo solar (Manipura)
- El chakra del corazón (Anahata)
- El chakra de la garganta (Vishuddha)
- El chakra del tercer ojo (Ajna)
- El chakra de la coronilla (Sahasrara)

Puesto que cada chakra está conectado con los aspectos físicos, mentales, emocionales y espirituales de la vida, su vibración se asocia con atributos físicos y espirituales específicos. Son el centro energético de su cuerpo y la fuente de su poder espiritual. Usted y sus chakras están intrínsecamente unidos. Cada uno de los siete chakras está conectado a una parte específica del cuerpo, a una emoción específica y a las energías que fluyen a través de ellos. Por ejemplo:

- El chakra raíz está relacionado con el cuerpo físico.
- El chakra del corazón está relacionado con el cuerpo emocional.
- El chakra de la coronilla está relacionado con el cuerpo espiritual.

Todos sus chakras están conectados, formando un campo de energía único y unificado, que es su aura. Su aura es algo más que un campo de energía etéreo y colorido que le rodea. Es la suma de la energía emitida por todos sus chakras combinados. Los chakras son los centros energéticos del cuerpo que absorben y transmiten la energía, desde la física a la emocional y de ahí a la espiritual. Cada chakra tiene un propósito específico, y cuando está desequilibrado, se refleja en el aura. Si uno de los chakras está bloqueado, desequilibrado o hiperactivo, el aura se estanca o se vuelve turbia, lo que provoca problemas físicos, mentales, emocionales y espirituales.

Por otro lado, cuando todos sus chakras están equilibrados, su aura irradia una energía brillante y vibrante. Esto demuestra que los chakras están directamente relacionados con el aura. Si quiere mantener un aura sana, debe cuidar sus chakras para que puedan captar y transmitir la energía adecuadamente.

Por qué necesita conocer sus chakras

Los chakras son esenciales para la conciencia y el desarrollo espirituales. Quienes los practican creen que comprendiendo y trabajando con los chakras se puede restablecer el equilibrio, sanar y alcanzar estados superiores de conciencia.

Toda la fuerza vital fluye desde el chakra sacro hasta el chakra de la coronilla, que exige simultáneamente que los siete estén abiertos. Cuando esto sucede, se alinean con el universo, proporcionando una mayor percepción y claridad. Al comprender los chakras y su interacción, entenderá mejor cómo funcionan juntos su cuerpo y su mente. Con este conocimiento, será más consciente de su interior y de sus sentimientos, estará más atento a su salud física y mental, tomará mejores decisiones y vivirá como su verdadero yo. Además de la salud física y psicológica, los chakras le ayudan a ser más consciente espiritualmente. A medida que trabaje con ellos, estará más en sintonía con su yo espiritual.

Si siente que algo no va bien o quiere dar el siguiente paso en su viaje espiritual, ya sabe dónde buscar. Conectar con sus chakras puede abrirle todo un nuevo mundo de posibilidades y ayudarle a aprovechar el poder de su interior.

Los siete chakras

La siguiente guía exhaustiva ofrece una exploración en profundidad de los chakras, desvelando sus secretos ocultos y proporcionando una hoja de ruta clara para alcanzar y mantener el equilibrio. Conozca la base científica de los chakras, sus elementos asociados y el significado espiritual de su ubicación en el cuerpo.

El chakra raíz (Muladhara)

El chakra raíz
Atarax42, CC0, vía Wikimedia Commons https://commons.wikimedia.org/wiki/File:Chakra1.svg

El chakra raíz, o *Muladhara*, es el primer centro energético del sistema de chakras. Es una palabra sánscrita que significa "soporte de la raíz" o "fundamento". Este chakra está situado en la base de la columna vertebral, asociado con el rojo, y es la base de su sistema energético. El chakra raíz es el centro de energía que esencialmente le asienta en su cuerpo físico y en el mundo físico. Asociado con el elemento tierra, es la fuente de sus necesidades básicas de supervivencia, responsable de su seguridad física, protección e instintos de supervivencia. Está relacionado con su sentido de la estabilidad y los cimientos. Desde este centro energético accede a su fuerza interior, coraje y determinación. El chakra raíz es el centro energético de su cuerpo físico, por eso es tan importante. Cuando está equilibrado y sano, se siente seguro y arraigado en su forma física. Como base de su sistema energético y fuente de su fuerza interior y coraje, le ayuda a acceder a su poder interior, fuerza, creatividad y pasión. Puede sentirse ansioso, temeroso y abrumado cuando está desequilibrado.

Cuando su chakra raíz está abierto, tiene acceso a la fuente del mundo físico y a sus necesidades básicas de supervivencia.

Para abrir el chakra raíz, se recurre a la meditación, el yoga y la autoconciencia. También son útiles el pensamiento positivo y la práctica de la gratitud. Una dieta rica en vitaminas, minerales y proteínas ayuda a restablecer el equilibrio. Otros métodos como la terapia de sonido y la aromaterapia pueden abrir el chakra raíz.

El chakra sacro (Svadhishthana)

Chakra sacro

Atarax42, CC0, vía Wikimedia Commons https://commons.wikimedia.org/wiki/File:Chakra2.svg

El chakra sacro, o *Svadhishthana*, está situado a 5 o 6 centímetros por debajo del ombligo, en el extremo inferior de la columna vertebral. Este chakra se asocia con el color naranja y es la fuente de su energía creativa y sexual. "Svadhishthana" deriva de las palabras sánscritas "svadhi" (que significa "yo") y "sthana" (que significa "lugar"). Es el centro de su ser emocional, que rige sus sentimientos, deseos y relaciones. Cuando este chakra está abierto, se experimenta toda la gama de sentimientos sin miedo. El chakra sacro está asociado al elemento agua, más estrechamente vinculado a los fluidos corporales, y es responsable del flujo de energía entre el cuerpo físico y el ser espiritual.

Conectado con el placer y la creatividad, es responsable de su deseo y capacidad para experimentar conexiones sanas e intimidad. Cuando el chakra sacro está abierto y equilibrado, puede expresar plenamente sus sentimientos y deseos y es libre de explorar y disfrutar de su sexualidad. Cuando el chakra sacro está bloqueado o desequilibrado, se experimentan diversos síntomas físicos y psicológicos, como dolor lumbar, letargo, falta de motivación y dificultad para expresar emociones y deseos. Las personas que lo practican afirman sentirse desconectadas de su lado espiritual y sentir culpa, vergüenza o miedo de su sexualidad.

El chakra sacro es uno de los centros energéticos más integrales del cuerpo humano y forma parte de su bienestar general. Participar en actividades que le permitan expresar sus emociones y deseos y disfrutar plenamente de su sexualidad garantiza que este chakra esté abierto y equilibrado. Entre estas actividades se incluyen el yoga, la meditación y actividades creativas como el arte y la música. Practicar el autocuidado es igualmente importante, ya que nutrirá y conectará con su lado espiritual.

El chakra del plexo solar (Manipura)

Chakra del plexo solar
Atarax42, CC0, vía Wikimedia Commons https://commons.wikimedia.org/wiki/File:Chakra3.svg

El chakra del plexo solar, o *Manipura*, es un centro de energía situado en la región abdominal. Este chakra es responsable de su poder personal y se asocia con el color amarillo. El nombre Manipura deriva del sánscrito y significa "gema lustrosa". El chakra del plexo solar se encuentra debajo de las costillas, cerca del ombligo, donde confluyen los tres canales principales de energía: ida, pingala y sushumna. Está relacionado con el sistema digestivo y las glándulas endocrinas, concretamente el páncreas, las glándulas suprarrenales y el hígado. Este chakra se asocia con el elemento fuego y es el centro de la energía y el dinamismo. Cuando el chakra del plexo solar está equilibrado, se siente fuerte y seguro de sí mismo. Puede tomar la iniciativa y tomar decisiones, ser creativo y valiente, y tener un fuerte sentido de la autoestima. Su propósito en la vida queda claro, o se siente menos estresado gracias a su buen sentido de la orientación.

Cuando el chakra del plexo solar está desequilibrado, se experimenta inseguridad, miedo y baja autoestima. Le invaden la impotencia y la falta de control, y algunos practicantes han observado manifestaciones físicas como problemas digestivos, fatiga y diabetes. Practique yoga y meditación, y concéntrese en su respiración para devolver el equilibrio al chakra del plexo solar. Puede practicar la visualización y las afirmaciones y centrarse en actividades que le aporten alegría y felicidad. Los cristales y las piedras preciosas como el citrino, El jade amarillo y el ámbar ayudan a equilibrar este chakra. Por último, rodéese de amarillo para recordar su poder personal.

El chakra del corazón (Anahata)

Chakra del corazón

Atarax42, CC0, vía Wikimedia Commons https://commons.wikimedia.org/wiki/File:Chakra4.svg

El chakra del corazón, o *Anahata*, se encuentra en el centro del pecho y tiene un profundo significado e importancia espiritual. El significado de la palabra Anahata es "no herido" o "no atascado", refiriéndose al hecho de que este chakra es el centro del amor, la compasión y la conexión. El color asociado al chakra del corazón es el verde, que simboliza el crecimiento, la armonía y el equilibrio. El origen del chakra del corazón proviene de las sutilezas del cuerpo, el campo de energía relacionado con todas las emociones y sentimientos. Su ubicación es en el pecho, justo detrás del esternón, al mismo nivel que el corazón. El chakra del corazón se asocia con el amor, la bondad, la compasión y la aceptación, y es el centro del yo superior. Es el puente entre los reinos físico y espiritual y la conexión entre las mentes consciente y subconsciente.

Cuando el chakra del corazón está abierto y equilibrado, se experimenta paz y armonía y se está más abierto a recibir y dar amor. El chakra del corazón está asociado con la confianza, la fe y la capacidad de perdonar. Es la puerta de entrada a la conciencia superior y facilita la conexión con su naturaleza divina. Cuando está abierto, usted cultiva una profunda conexión con lo divino y experimenta el amor incondicional en su vida.

Cuando el chakra del corazón está desequilibrado, uno se siente desconectado de su yo espiritual e incapaz de sentir alegría y amor. Los practicantes han observado los síntomas de un chakra del corazón desequilibrado, como depresión, ansiedad y desconexión con los demás. La meditación, el yoga y otras prácticas de atención plena han demostrado ser útiles para equilibrar el chakra del corazón. El uso de cristales y aceites esenciales ayuda a abrir y equilibrar el chakra del corazón.

En última instancia, el chakra del corazón es esencial para el viaje espiritual y favorece el conocimiento de sí mismo, el amor, la bondad y la compasión por sí mismo y por los demás. Al equilibrar el chakra del corazón, experimentará una profunda conexión espiritual y se abrirá a la experiencia del amor incondicional.

El chakra de la garganta (Vishuddha)

Chakra de la garganta
Atarax42, CC0, vía Wikimedia Commons https://commons.wikimedia.org/wiki/File:Chakra5.svg

El chakra de la garganta, o *Vishuddha*, está situado en la zona de la garganta. Este chakra está asociado con el elemento éter, y su color es el azul. Vishuddha significa "purificación", lo que refleja su propósito en el cuerpo. El chakra de la garganta es el quinto chakra y el puente entre el corazón y la mente. Es el centro de la comunicación, la expresión y la creatividad. Cuando este chakra está bloqueado, provoca inseguridad, dificultad para comunicarse y falta de creatividad. El chakra de la garganta está asociado a la glándula tiroides, los pulmones, las cuerdas vocales, el cuello y la mandíbula. Cuando este chakra está equilibrado, regula el metabolismo y mejora el funcionamiento de los pulmones. Favorece el buen funcionamiento del sistema inmunitario y aumenta la comunicación y la creatividad. El chakra de la garganta está asociado a las emociones verdaderas. Cuando está equilibrado, favorece la honestidad y la autenticidad. Para comprender mejor los sentimientos, este chakra abre la puerta a la autoexpresión.

Los practicantes señalan que este chakra fomenta el propósito y una mayor conexión con lo divino cuando se abre por completo. Ayuda a mejorar las relaciones y genera paz y armonía interior.

El chakra del tercer ojo (Ajna)

Chakra del tercer ojo
Atarax42, CC0, vía Wikimedia Commons https://commons.wikimedia.org/wiki/File:Chakra6.svg

El chakra del tercer ojo, o *Ajna*, es el sexto centro energético primario del cuerpo. Está situado entre las cejas, justo encima del puente de la nariz, y está representado por el color índigo. Este chakra se asocia con la capacidad psíquica y a menudo se le llama el *"ojo de la mente"*. El origen del chakra del tercer ojo se remonta a la antigua India, donde se creía que era la sede de la sabiduría y la intuición. En el yoga, el chakra del tercer ojo es el primero en abrirse, permitiendo el acceso a los reinos superiores de la conciencia. Al activarse, el chakra del tercer ojo desarrolla la intuición y la capacidad de percibir el reino espiritual. El chakra del tercer ojo está asociado al elemento de la luz, que se desarrolla a través de la meditación. Trabajar con este chakra ayuda a abrir la mente, lo que permite acceder a la sabiduría interior. Está asociado a la glándula pineal, que regula las hormonas que rigen los sentimientos, el sueño y el estrés.

Cuando el chakra del tercer ojo está equilibrado, reduce el miedo y la ansiedad y aumenta la paz y la satisfacción. Se asocia con la piña, que simboliza la puerta de entrada a los reinos superiores de la conciencia. Cuando está abierto y equilibrado, se tiene más acceso a la sabiduría interior y a los misterios más profundos de la vida.

Chakra de la coronilla (Sahasrara)

Chakra de la coronilla
https://pixabay.com/es/illustrations/corona-chakra-energ%c3%ada-chi-2533113/

El chakra de la coronilla, o *Sahasrara*, es el más elevado de los chakras y el más divino. Es la fuente de energía espiritual y es el centro primario para la iluminación y la sabiduría divina. El chakra de la coronilla se asocia con el violeta y el blanco y está situado en la parte superior de la cabeza. El origen de Sahasrara proviene de la antigua práctica hindú del kundalini yoga. El chakra de la coronilla se activa durante esta práctica, abriendo la puerta a la conciencia espiritual y a la conexión divina. A menudo se le llama "loto de mil pétalos" o "rueda de mil picos". El chakra de la coronilla tiene que ver con la conexión con lo divino y con trascender el reino físico. Se asocia con el despertar espiritual, la iluminación, la autorrealización y la transformación espiritual final. Cuando está abierto, los practicantes manifiestan una conciencia más elevada y son la fuente de la sabiduría divina, el conocimiento cósmico y la conciencia.

El cuerpo humano es complejo y fascinante. Puede ir más allá de la forma física y explorar la energía que irradia a su alrededor. Esa energía es su aura y se ve afectada por sus pensamientos, emociones y otras influencias. Puede fortalecer y equilibrar su aura a través de los chakras. Los chakras son centros de energía correlacionados con distintas zonas del cuerpo. Se pueden experimentar síntomas físicos, mentales y emocionales cuando están desequilibrados. Trabajando con sus chakras, puede equilibrar y armonizar su energía y crear un aura más fuerte y saludable. Esencialmente, el aura y los chakras son una parte integral de su ser, y tomarse el tiempo para cuidarlos y nutrirlos crea un campo de energía fuerte y vibrante.

Capítulo 3: Limpieza del aura y los chakras

Limpiar el aura y los chakras es una práctica esencial para mantener el nivel de energía alto y la mente despejada. Esta tradición espiritual ofrece una forma de equilibrar el cuerpo, la mente y el espíritu. Consiste en limpiar el campo energético de obstrucciones, negatividad o energía estancada y devolverlo a su estado natural y vibrante. Se consigue una mayor sensación de equilibrio, claridad y paz mediante la meditación, la visualización y otras técnicas. Este capítulo explora cómo puede aumentar su energía, mejorar su bienestar mental y emocional, y manifestar sus deseos más fácilmente a través de la limpieza regular de su aura y chakras. Tanto si quiere profundizar en su práctica espiritual como si desea mantenerse centrado en un mundo caótico, la limpieza del aura y los chakras es una buena manera de empezar.

La meditación y la visualización le ayudarán a alcanzar un estado mental más elevado
https://unsplash.com/photos/V-TIPBoC_2M

Limpieza de los siete chakras

Su aura es el centro de energía de su cuerpo, y debe ser limpiado regularmente para evitar el bloqueo en el flujo de energía. La limpieza regular de sus chakras ayuda a eliminar la energía negativa y el estrés de su cuerpo, dejando su aura llena de positividad y alegría. Mejora su salud mental y física y elimina las impurezas de su campo energético, haciéndolo más vibrante y poderoso. Limpiar el aura y los chakras aumenta la confianza en sí mismo y el autoconocimiento, ya que aclara sus pensamientos y sentimientos. Además, equilibra sus sentimientos, ayudándole a mantenerse centrado y conectado con su ser interior. Los siguientes métodos para cada chakra mantendrán su energía equilibrada y en armonía con el universo.

El chakra raíz (Muladhara)

¿Alguna vez se ha sentido atrapado en la rutina? ¿No importa lo que haga, parece que no puede avanzar? Podría significar que su chakra raíz está bloqueado. Este chakra es la base de su sistema energético y rige su sensación de seguridad y estabilidad. Cuando está bloqueado, se siente como si le hubieran tirado del suelo. Se siente desconectado de su sentido de pertenencia, seguridad y, a veces, de su cuerpo. Provoca ansiedad, miedo, pánico y depresión. Físicamente, puede experimentar dolor lumbar, problemas digestivos y un desequilibrio general. Desbloquear su chakra raíz es un paso importante hacia el equilibrio y la armonía en su vida. Sentirá:

- Una nueva confianza y estabilidad
- Una mayor conexión a tierra, centrada en su cuerpo y menos influenciada por fuerzas externas
- Más conexión con su entorno físico, con una apreciación más profunda de la belleza y la abundancia del mundo natural
- Mejorar su digestión, la eliminación y la vitalidad general
- Más energía y menos propensión a la fatiga
- Que los problemas crónicos de su salud se resuelven por sí solos

Afortunadamente, existen varias técnicas para limpiar y desbloquear el chakra raíz. El primer paso es conocer el origen de los bloqueos y practicar la atención plena para comprender dónde está bloqueada su energía. La visualización es una herramienta poderosa. Imagine una luz roja que irradia desde la base de la columna vertebral. Visualice esta energía moviéndose hacia arriba y fuera de su cuerpo. Sienta cómo la energía vibra y activa todas las células del cuerpo.

Otras técnicas son:

- Utilizar afirmaciones. Repita afirmaciones positivas como: "Estoy a salvo y seguro" y "estoy conectado a mi fuente de poder".
- Practicar posturas de yoga diseñadas específicamente para abrir el chakra raíz, como la postura del niño y la postura de la montaña.
- Pasar tiempo en la naturaleza, ya que estar en presencia de los elementos ayuda a conectar con la energía de la tierra.
- También es beneficioso escuchar música relajante, meditar y pasar tiempo con los seres queridos.

El chakra sacro (Svadhishthana)

El chakra sacro es responsable de la creatividad, los sentimientos y la sexualidad. Cuando este chakra está bloqueado, puede provocar la desconexión de los reinos físico y emocional. Se manifiesta de muchas maneras, desde sentirse emocionalmente bloqueado e incapaz de expresarse hasta sentirse atrapado en un trabajo o una relación insatisfactoria. Cuando tiene el chakra sacro bloqueado, siente que le están reteniendo, que no tiene salida para su energía creativa y sus pasiones. Puede experimentar miedo al cambio, baja autoestima, vergüenza y culpabilidad. Físicamente, puede sentirse aletargado, sin energía y tener dificultades para concentrarse. Incluso puede experimentar síntomas físicos como problemas digestivos y falta de deseo sexual. ¿Qué se siente cuando se desbloquea este poderoso centro de energía? Se dará cuenta:

- La inspiración fluye sin esfuerzo a través de usted
- Ideas y soluciones a problemas que antes eran insuperables de repente se vuelven claras y accesibles
- Un mayor placer y sensualidad
- Una mayor apreciación de la belleza del mundo que le rodea
- Una nueva capacidad para disfrutar plenamente de los placeres sencillos de la vida

Pero quizá el efecto más profundo del desbloqueo del chakra sacro sea la curación emocional profunda. Viejas heridas y traumas enterrados durante años pueden por fin salir a la superficie, permitiéndote afrontarlos y procesarlos de forma saludable. Esto conduce a un mayor conocimiento de sí mismo y a una conexión más auténtica con su verdadero yo.

Puede utilizar varias técnicas para limpiar y desbloquear el chakra sacro y restablecer el equilibrio. En primer lugar, puede utilizar la meditación para acceder a la energía de su chakra sacro.

1. Siéntese cómodamente, cierre los ojos y concéntrese en su respiración. Imagine que una luz naranja brillante entra en su cuerpo justo por debajo del ombligo. Dedique unos minutos a visualizar la luz entrando y rodeando su chakra sacro. Esto abrirá y activará la energía de su chakra sacro, permitiéndole fluir libremente.
2. Utilice cristales, concretamente piedras naranjas como la cornalina, el coral y la calcita naranja. Coloque la piedra en la parte inferior del abdomen y túmbese durante unos minutos. Visualice la energía del cristal entrando en su chakra sacro, desbloqueándolo y restableciendo el equilibrio.
3. Practique asanas de yoga, como la postura del loto medio atado y los abridores de cadera.

4. Siga una dieta sana y equilibrada. Comer alimentos ricos en vitaminas y minerales, como fruta, verdura y frutos secos, nutrirá su cuerpo y le ayudará a restaurar el aura.

El chakra del plexo solar (Manipura)

Cuando el plexo solar está bloqueado, puede resultar incómodo. Este chakra está situado entre el ombligo y el diafragma y es el tercer chakra del cuerpo. Cuando está bloqueado, siente una falta de dirección o poder o se siente atascado. Se siente ansioso, abrumado e impotente, como si no pudiera tomar las riendas de su vida. Experimenta síntomas físicos como indigestión, dolores de cabeza o fatiga. Tiene baja autoestima e inseguridad. Cuando el chakra del plexo solar está bloqueado, puede resultar difícil avanzar en la vida. Puede que sea incapaz de liberarse porque lucha constantemente con la duda en sí mismo y la falta de confianza, lo que le dificulta decidir o pasar a la acción. Pero cuando desbloquea su chakra del plexo solar, es como una ráfaga de sol en su vida.

- Se sentirá capacitado, seguro de sí mismo y listo para enfrentarse al mundo.
- Ya no se cuestiona a sí mismo ni duda de sus capacidades.
- Confía en su intuición y tiene un propósito claro.
- Físicamente, notará un aumento de energía y una mejor digestión.
- Emocionalmente, controla mejor sus pensamientos y sentimientos.
- Ya no deja que factores externos dicten su estado de ánimo o su visión de la vida.
- Disfruta de paz interior y satisfacción.

Las afirmaciones son una de las formas más eficaces de desbloquear el chakra del plexo solar. Las afirmaciones positivas aumentan la confianza en sí mismo y le animan a actuar para alcanzar sus objetivos.

Otras técnicas son:

- Practicar la meditación consciente. Centre su atención en el momento presente y en su estado emocional para obtener claridad y reducir el estrés y la ansiedad.
- Trabajar la respiración. Tómese su tiempo para sentarse en una posición cómoda y respirar lenta y profundamente. Esta técnica

aumenta la conciencia de la zona del chakra del plexo solar en el diafragma. Así estará más relajado y será más consciente de su estado físico y emocional.
- Practicar yoga. Muchas posturas de yoga, como la postura del barco, el saludo al sol y el guerrero I, pueden abrir este chakra.

El chakra del corazón (Anahata)

Cuando el chakra del corazón está bloqueado, puede provocar una amplia gama de problemas físicos, emocionales y espirituales. Físicamente, un chakra del corazón bloqueado puede manifestarse como dolor en el pecho, dificultad para respirar, mala circulación y palpitaciones. Emocionalmente, puede provocar soledad, aislamiento, falta de empatía y alegría, y depresión. Espiritualmente, puede provocar un sentimiento de desconexión del mundo, de no sentirse parte de algo más grande que uno mismo y de falta de propósito.

¿Qué se siente cuando el chakra del corazón está bloqueado? Por lo general, se siente como si se estuviera estrujando el corazón, como si se estuviera desconectado de las emociones, no se tuviera energía para llegar a los demás y se estuviera atrapado en la desesperación. Es difícil experimentar alegría, satisfacción y conexión con el mundo que le rodea. Afortunadamente, puede utilizar varias técnicas para limpiar el chakra del corazón y equilibrar su vida.

- **Practique el amor propio.** Debe reconocer y apreciar su autoestima para desbloquear el chakra del corazón. Dedíquese tiempo a sí mismo, practique el autocuidado y recuérdese sus cualidades positivas. Le ayudará a abrirse al amor y a la conexión con los demás.
- **Practique yoga y meditación.** Estas actividades tienen el poder de abrir y equilibrar sus centros de energía, incluido el chakra del corazón. Centrarse en la respiración, repetir mantras y practicar posturas de yoga, aclara y equilibra la vida.
- **Rodéese de energía positiva.** Pase tiempo con amigos y familiares que le hagan sentirse animado y conectado. Aléjese de las personas y situaciones negativas, y dedique tiempo a relajarse y alimentar su espíritu.
- **Permítase sentir.** Reconozca y acepte sus sentimientos, por incómodos que le resulten. Permítase expresar cómo se siente y no tema decir la verdad, incluso a sí mismo.

El chakra de la garganta (Vishuddha)

Cuando el chakra de la garganta está bloqueado, puede ser una experiencia difícil e incómoda. El chakra de la garganta está asociado con la comunicación y la autoexpresión, por lo que es difícil encontrar las palabras para expresarse cuando está bloqueado. Un chakra de la garganta bloqueado se describe como un nudo en la garganta o una opresión en el pecho, como si algo le impidiera hablar. Puede sentir que no puede expresarse de verdad o que le están silenciando. Puede experimentar síntomas físicos como dolor de garganta, ronquera, dificultad para tragar y tensión en el cuello y los hombros. Emocionalmente, puede sentirse frustrado, temeroso y ansioso, y tener dificultades para hablar por sí mismo o expresar sus necesidades. Todos estos sentimientos y síntomas físicos son señales de que el chakra de la garganta está bloqueado y necesita atención. Pero, ¿qué ocurre cuando por fin lo libera? Se siente como un soplo de aire fresco.

- Siente una liberación, como si se hubiera quitado un peso de encima.
- Es más fácil expresarse con autenticidad, sin miedo a ser juzgado o rechazado.
- Las palabras fluyen sin esfuerzo, por lo que adquiere más confianza para comunicarse con eficacia.
- Físicamente, siente ligereza en la zona de la garganta, como si se hubiera liberado la tensión.
- Se nota una mejora de la salud general, ya que el chakra de la garganta está conectado con la glándula tiroidea y el sistema inmunitario.
- Existen varias técnicas para limpiar el chakra de la garganta.
- Uno de los métodos más populares es practicar el canto "Om", una vibración para limpiar y abrir el chakra de la garganta. Cantos como los mantras "Om shanti Om" u "Om namah shivaya" también hacen maravillas para abrir los canales de energía de la garganta.
- Otra técnica consiste en practicar asanas de yoga dirigidas específicamente al chakra de la garganta, incluyendo posturas como la postura de los hombros, el arado, el pez y la cobra. Estas posturas ayudan a abrir la energía de la garganta y permiten una mejor comunicación.

- Puede practicar la visualización para liberar el chakra de la garganta. Visualice una luz azul que irradia de su garganta y le conecta con lo divino. A medida que la luz brille con más intensidad, sienta cómo se disuelve la tensión de la zona.
- Por último, practique la respiración profunda. Este ejercicio relaja los músculos de la garganta y permite que la energía fluya libremente. Respire profunda y tranquilamente y concéntrese en la energía de la garganta.

El chakra del tercer ojo (Ajna)

Cuando el chakra del tercer ojo está bloqueado, parece como si viviera la vida con el piloto automático y careciera de propósito. Cada vez que las cosas se ponen difíciles, se da cuenta de que está atrapado en los mismos patrones, incapaz de liberarse. Cuando no puede ver el panorama general, se culpa a sí mismo porque no puede confiar en su intuición, que le ayuda a verlo con claridad. Puede que le cueste centrarse y concentrarse y que tenga dificultades para tomar decisiones o encontrar la claridad. Le cuesta interpretar y comprender sus sentimientos y los de los demás. Se siente desconectado de su intuición y guía espiritual. Puede tener problemas de inquietud y ansiedad, depresión, confusión y falta de inspiración. Estos son signos de que su chakra del tercer ojo está bloqueado. Pero cuando libera su chakra del tercer ojo, la verdadera magia ocurre en su percepción. De repente, ve las cosas de otra manera.

- Los colores parecen más brillantes
- Las formas son más definidas
- Experimenta una mayor intuición, como si pudiera sentir cosas más allá del reino físico

No es raro sentir una sensación de asombro y maravilla ante esta nueva percepción al conectar con algo más grande que usted mismo. Es una experiencia realmente profunda que puede cambiar su forma de ver el mundo.

¿La buena noticia? Existen varias técnicas para limpiarlo y desbloquearlo para conectar más con su yo superior.

- Una de las formas más comunes de liberar el chakra del tercer ojo es a través de la meditación. Centrar la atención en el tercer ojo y repetir afirmaciones como "confío en mi intuición" puede romper los bloqueos y abrir el chakra del tercer ojo.

- La visualización es otra gran manera de limpiar y desbloquear este chakra. Visualice una luz blanca que entra y abre su tercer ojo, permitiendo que su intuición fluya libremente.
- Los cristales, en concreto la amatista, la sodalita y el lapislázuli, crean alineación y equilibrio al interactuar con el aura del cuerpo. Coloque el cristal sobre el tercer ojo o sosténgalo mientras medita para liberarlo.
- El yoga es un método excelente. Posturas como el puente y el arado mejoran el flujo de energía del cuerpo. Mientras realiza estas posturas, concéntrese en el tercer ojo y visualice cómo se abre.
- Por último, el uso de aceites esenciales como la aromaterapia de lavanda y jazmín abrirá y equilibrará el chakra del tercer ojo. Puede difundir los aceites en su casa o utilizarlos en un masaje de aromaterapia.

El chakra de la coronilla (Sahasrara)

Cuando el chakra de la coronilla, el más elevado de los siete chakras, está bloqueado, puede crear una desconexión con uno mismo y con el mundo que nos rodea. Puede sentirse atrapado en un estado de ansiedad, depresión o confusión. Se manifiesta con síntomas físicos, como dolores de cabeza, fatiga y falta de concentración. Esto da lugar a problemas espirituales, como falta de motivación o incapacidad para centrarse en asuntos espirituales; tal vez se cuestione constantemente el propósito de su vida y se sienta desconectado de su verdadero yo. Puede ser una experiencia difícil y desorientadora, como vivir en la niebla y ser incapaz de conectar con su verdadero yo. Se sentirá atrapado en su mente e incapaz de avanzar en su vida. Si su chakra de la coronilla está bloqueado, debe tomar medidas para liberarlo y experimentar alegría, paz y conexión. Desbloquear el chakra de la coronilla es una experiencia que cambia la vida. Es como quitar un velo que cubre sus ojos, impidiéndole ver la belleza y la magia de la vida.

- Está más conectado con su yo superior
- Es más fácil acceder a su intuición
- Es más consciente de las sincronicidades y señales que le envía el universo
- Se siente más centrado y con los pies en la tierra
- Puede navegar mejor por la vida

Por suerte, existen varias técnicas para limpiar su chakra de la coronilla y restaurar el equilibrio en su vida.

- Una de las mejores maneras es a través de la meditación. Si se sienta en silencio y se concentra en su respiración, puede aprovechar la energía de este chakra, volver a centrarse y restablecer el equilibrio. Durante la meditación, imagine una luz blanca o dorada que irradia desde la parte superior de la cabeza.
- Algunas posturas de yoga pueden abrir el chakra de la coronilla y equilibrar el cuerpo y la mente. Utilice posturas como el loto, padmasana, postura del cadáver o savasana para lograr paz y armonía.
- La aromaterapia con aceites esenciales como el jazmín, el incienso y la rosa puede crear calma y serenidad. Añada unas gotas del aceite que elija a un difusor y respire su aroma durante todo el día.
- El cuarzo transparente, la amatista y la selenita son cristales excelentes para este chakra. Coloque uno o varios de estos cristales en su coronilla mientras medita o descansa.

Como consejo extra, coma alimentos asociados con cada color y elemento del chakra que desea liberar para ayudarle a limpiar y equilibrar sus chakras. Por ejemplo, las verduras de raíz como las zanahorias y la remolacha pueden ayudar con el chakra de la raíz, mientras que las frutas como las naranjas y las piñas pueden ayudar con el chakra sacro.

Cómo meditar y visualizar

La meditación y la visualización son las dos técnicas más populares para desbloquear los chakras. Aquí tiene algunos consejos sobre estos métodos.

Meditación básica

Para empezar su práctica de meditación, busque un lugar cómodo donde pueda sentarse o tumbarse, preferiblemente sin distracciones. Cierre los ojos y concéntrese en su respiración. Respire profundamente, inhalando por las fosas nasales y exhalando lentamente. Deje que sus pensamientos vayan y vengan sin juzgarlos. Mantenga la mente en el momento presente y sea consciente de sus pensamientos sin reaccionar.

Visualícese en un estado de paz y tranquilidad y deje ir los pensamientos negativos o ansiosos.

Concéntrese en cada chakra, de uno en uno. Visualice el color, el elemento, el propósito y la ubicación de cada chakra mientras se concentra en las sensaciones que experimenta. Puede meditar durante cinco minutos al día o el tiempo que desee. A medida que la practique con más frecuencia, le resultará más fácil alcanzar un estado de meditación completa y cosechar los beneficios.

Visualización básica

La visualización es una técnica poderosa para liberar los chakras y permitir que la energía fluya libremente. Para empezar a visualizar, busque un lugar cómodo y acomódese. Respire hondo varias veces, inhalando y exhalando lentamente. Mientras respira, concéntrese en la zona que necesita curación y visualice una luz brillante y dorada que entra en esa zona y la llena de calor y energía curativa. Visualice que los chakras se abren, permitiendo que fluya el prana. Por ejemplo, imagine la energía fluyendo por el cuerpo como un río, o visualice diferentes colores irradiando desde los chakras. La visualización es una herramienta poderosa para liberar los chakras y, con práctica y paciencia, puede cambiar profundamente su campo energético.

El aura y los chakras son los centros energéticos de su cuerpo y deben limpiarse con regularidad para evitar obstrucciones en el flujo de energía. Si ha sentido un cambio en la habitación sin explicación o ha tenido un pensamiento negativo que se arrastra y permanece en su mente durante días, su aura y sus chakras podrían necesitar una limpieza. La limpieza es una práctica milenaria utilizada desde hace miles de años para sentirse más conectado a tierra, equilibrado y conectado con el universo. Es una técnica sencilla pero poderosa para restaurar su energía natural y amplificar su bienestar espiritual.

La limpieza regular se centra en la zona de cada chakra con una técnica específica. La limpieza abre la puerta a la claridad, la creatividad y la conciencia superior cuando se hace correctamente. La limpieza de los chakras es una parte esencial de la práctica espiritual y una poderosa herramienta para mejorar la salud y el bienestar general.

Capítulo 4: Meditación para elevar su vibración

La meditación es una herramienta poderosa para ayudarle a elevar su vibración, crear energía positiva y encontrar la paz interior. Cuando su vibración se eleva a una frecuencia más alta, atrae de forma natural más experiencias positivas. Las vibraciones de sus pensamientos influyen de muchas maneras en como experimenta la vida. Con la meditación, puede aprender a controlar y elevar las vibraciones de sus pensamientos e intenciones para manifestar resultados positivos en todas las áreas de la vida con la meditación.

La frecuencia vibratoria juega un papel fundamental en su viaje hacia la iluminación
https://unsplash.com/photos/VsI_74zRzAo

Este capítulo explora el concepto de frecuencia vibratoria y su relación con la meditación. Analiza los fundamentos de esta práctica sencilla pero profunda. Proporciona una guía paso a paso para meditar con el fin de elevar la vibración y explica cómo sacar el máximo provecho de esta experiencia, incluyendo consejos sobre cómo modificar la meditación para lectores ocupados que no siempre tienen el tiempo o la paciencia para una larga sesión.

Qué es la frecuencia vibratoria: Cómo puede ayudar

La frecuencia vibratoria es el concepto de energía que fluye a través y alrededor del cuerpo en todo momento. Todos los seres vivos emiten una vibración particular, ya sea positiva o negativa.

Las frecuencias vibratorias bajas se asocian con emociones negativas como la tristeza, la ira y el miedo. Cuantos más pensamientos y emociones negativas se experimenten, más baja será la vibración. Por otro lado, las frecuencias vibratorias altas se asocian a emociones positivas como la alegría, el amor y la gratitud. Las vibraciones se elevan cuando abre su corazón y su mente al amor y a la positividad.

Al elevar su vibración aumenta su energía y frecuencia para atraer más experiencias positivas. Se consigue cambiando sus pensamientos y sentimientos sobre usted mismo y el mundo que le rodea. La transformación ocurre cuando sus pensamientos cambian de negativos a positivos, creando un estado vibratorio más elevado.

Los beneficios de elevar su vibración

Una de las prácticas más poderosas es elevar su vibración al mejorar su bienestar general y encontrar la verdadera plenitud. Puede transformar muchos aspectos de su vida aumentando su frecuencia energética. Estos son algunos de los beneficios más profundos que puede experimentar al elevar su vibración:

Mejorar el bienestar mental y emocional

Puede experimentar un mayor bienestar mental y emocional al elevar su frecuencia vibratoria. A medida que su vibración se eleva, la energía negativa que ha estado cargando se disipa y es reemplazada por paz y satisfacción. Permanecer anclado en pensamientos y emociones positivas es mucho más fácil, y será menos propenso a la depresión o la ansiedad.

Claridad y concentración

Cuando la vibración se eleva, puede acceder a una mayor conciencia y comprensión. Estará más en sintonía consigo mismo, con el mundo que le rodea y con la forma en que encaja en él. Muchas personas luchan con pensamientos dispersos o se sienten abrumadas, pero cuando eleva su frecuencia energética, desarrolla un enfoque mental más agudo y comprende mejor el camino que tiene por delante. Esta conciencia elevada puede conducir a una mayor autoconciencia y claridad.

Conexiones más saludables

Cuanto más alta sea la frecuencia vibratoria, más saludables y significativas serán sus conexiones con los demás. Cuando aumenta su vibración energética, es mucho más fácil atraer a personas afines al mismo nivel emocional y espiritual que usted. Sus amigos y familiares pueden ayudarle a mantenerse en el camino de manifestar la vida de sus sueños.

Puede dar y recibir amor más libremente, creando una base sólida para expresarse con honestidad. Con cada conexión que establezca, su confianza crecerá a medida que encuentre la alegría de formar parte de algo más grande que usted mismo.

Aumento de la abundancia

Cuanto más eleve su vibración, más abundancia podrá experimentar. Es como un efecto dominó, cuanto más alta es su vibración, más espacio crea para que entre una mayor cantidad. La abundancia se presenta de muchas formas: Recursos financieros, oportunidades, relaciones y salud.

Cambiar su mentalidad y centrarse en lo que quiere en lugar de lo que no tiene abre más posibilidades y atrae la abundancia.

Los efectos de la baja vibración

Las energías de baja vibración pueden tener el efecto contrario. Esta energía se asocia con la negatividad, el estancamiento y la infelicidad. Dificulta la capacidad de crear experiencias positivas para usted y los que le rodean. Cuanto más baja es la frecuencia vibratoria, menos probable es que atraiga lo que desea.

Los sentimientos de baja vibración pueden conducir a patrones de vida poco saludables. Puede quedarse atascado en ciclos de pensamientos negativos y le resultará más difícil liberarse de ellos. Sin elevar su vibración a una frecuencia más alta, es más probable que experimente miedo, ira o impotencia y que se vea consumido por estas emociones.

Aunque la energía de baja vibración parece abrumadora, hay formas de elevar su vibración y experimentar sus efectos positivos. Puede aprender a cambiar su frecuencia y convertirse en un poderoso manifiesto de todas las cosas buenas con la práctica.

Cómo meditar y elevar su vibración puede cambiar su vida

La mejor manera de elevar su vibración es a través de la meditación. Mediante la práctica regular de la meditación, aumenta la frecuencia energética y se vuelve más consciente de los pensamientos y sentimientos. Esta mayor conciencia ayuda a desarrollar conexiones auténticas, y la meditación le permite ser más abierto y aceptar los cambios de la vida. He aquí un ejercicio de meditación sencillo pero eficaz para elevar su vibración:

1. Empiece por conectarse a tierra

Anclarse a tierra es un primer paso esencial en la práctica de la meditación. La conexión a tierra ayuda a reducir el estrés y la ansiedad y también a sentirse más conectado con el cuerpo y el mundo físico que le rodea. Al conectarse a tierra, puede aprovechar mejor la energía de sus vibraciones superiores y centrarse en lo que más le importa.

Siéntese o túmbese en el suelo y conecte conscientemente con su respiración. Respire hondo y concéntrese en sentirse bien enraizado y conectado con la tierra, como si estuviera arraigado a un árbol o pisara firmemente tierra firme. Esto le ayudará a sentirse más presente y relacionado con la energía que le rodea. Tómese unos momentos para sentirse enraizado antes de pasar al siguiente paso.

2. Practique ejercicios de respiración para elevar su vibración

Inhale profundamente por la nariz y exhale lentamente por la boca. Mientras inhala, imagine que la energía del universo entra y llena de luz todas sus células. Al exhalar, visualice que la energía negativa abandona su cuerpo y regresa a su fuente. Repita esta respiración durante varios minutos, concentrándose en su respiración y sintiéndose lleno de energía luminosa.

3. **Técnicas de postura para aumentar su frecuencia**

A continuación, tómese unos minutos para adoptar varias posturas que le ayuden a elevar aún más su vibración. Colóquese cómodamente de pie, con los pies firmemente plantados en el suelo. Respire hondo varias veces, concéntrese en abrir el corazón y suelte la energía negativa o bloqueada. A continuación, levante lentamente los brazos por encima de la cabeza en forma de V y respire hondo de nuevo, imaginando que todas las frecuencias del universo entran por la punta de los dedos al llegar al cielo. Continúe explorando varias posturas para abrir su cuerpo, liberar la negatividad y permitir que la energía que le rodea le llene.

4. **Incorpore técnicas de visualización para mantenerse centrado**

Mientras esté en estas posturas, imagínese rodeado por un orbe de luz blanca durante unos instantes. Esta luz está llena de energía curativa y protección contra las frecuencias negativas. Imagine que recibe energía de esta luz y que se siente más conectado con su yo más elevado. Visualice que irradia luz y energía y que se siente más abierto, expansivo y conectado; deje que la luz le llene y limpie su energía.

Meditar sobre la marcha: Consejos para gente ocupada

La meditación puede ser una actividad difícil de mantener, especialmente cuando se lleva un estilo de vida ajetreado. Afortunadamente, con algunas estrategias creativas, es posible cultivar y encarnar la atención plena, incluso en los momentos más ajetreados.

Dedique 10 minutos al día

Dedique entre 10 y 15 minutos de su día a meditar. Aunque solo sean 10 minutos, puede ayudarle a mantenerse centrado y conectado consigo mismo y con las energías que le rodean. No necesita mucho tiempo para meditar; incluso unos pocos minutos pueden marcar la diferencia en su día.

Cuando empiece, no se presione demasiado. Comience poco a poco y aumente el tiempo cuando se sienta cómodo para hacerlo. Programe la alarma de su teléfono para que le recuerde que debe dedicar 10 minutos a una mini sesión de meditación.

Utilice meditaciones guiadas

Si no tiene tiempo o energía para sentarse y practicar la meditación tradicional, pruebe con la meditación guiada. Hay muchas grabaciones de audio gratuitas y de pago que pueden ayudarle a relajarse y volver a centrarse. Empiece con un sencillo ejercicio de respiración y, poco a poco, pase a diferentes meditaciones guiadas a medida que se sienta más cómodo.

Busque una aplicación que le ayude a hacer más accesible la meditación, como las diseñadas específicamente para personas con vidas ajetreadas. Puede utilizar estas aplicaciones para que le guíen y le recuerden cuándo y dónde practicar la atención plena durante un breve periodo de tiempo, ya sea 5 minutos o una hora.

Aproveche los pequeños espacios de tiempo

Hacer pequeñas pausas a lo largo del día le da tiempo para reajustar su mente y revitalizar su cuerpo. Estos momentos son esenciales para cultivar la atención plena, pero no es necesario dedicar un tiempo exclusivamente a la práctica de la meditación.

Mientras espera en una cola, en el transporte público o durante la pausa para comer, tome conciencia de su respiración y observe las sensaciones que surgen en su cuerpo sin juzgarlas ni apegarse a ellas.

Practique la respiración consciente

Si no puede alejarse del trabajo durante el día, practique la respiración consciente dondequiera que esté, en su escritorio o caminando por la calle si es necesario. Solo necesita cinco minutos para concentrarse en el movimiento de su respiración y relajarse en la quietud antes de volver a su tarea.

Permítase este pequeño gesto de compasión. Tómese un respiro y practique la autorreflexión siempre que lo necesite. Puede ser tan sencillo como respirar hondo una vez antes de empezar una tarea o un proyecto difícil en horas de trabajo.

Sea creativo con su práctica

Hay muchas formas de incorporar la meditación sin permanecer sentado durante largos periodos. Caminar o correr es una forma de meditación en movimiento. Concéntrese en el momento presente y preste atención a sus tareas cotidianas. Por ejemplo, doblar la ropa puede convertirse en una tarea consciente si presta atención a la sensación de la tela en sus manos y se centra en cada artículo mientras lo dobla.

Aproveche sus desplazamientos matutinos y vespertinos

Puede que el trayecto matutino al trabajo no parezca el sitio ideal para meditar, pero con la actitud adecuada, se puede hacer. Si viaja en transporte público, utilice este tiempo en lugar de consultar el correo electrónico o desplazarse por las redes sociales. Aproveche este periodo para concentrar su atención en algo más productivo, como respirar conscientemente mientras mira por la ventana.

Escuche música relajante para despejar la mente y sintonizar con su interior en vez de distraerse con lo que ocurre a su alrededor. Prepárese mentalmente para lo que le espera en el trabajo o en casa al volver del trayecto.

Incorpore la práctica de la meditación a sus actividades cotidianas

La meditación puede ser algo más que una práctica dedicada. Puede incorporar la atención plena a sus actividades cotidianas, como fregar los platos, trabajar en el jardín o ducharse, centrándose en el momento presente y siendo consciente de lo que ocurre a su alrededor. Ayuda a relajarse y a crear paz interior.

Puede practicar la alimentación consciente, un hábito excepcionalmente bueno cuando se trata de mantener hábitos saludables. Antes de comer, tómese un momento para fijarse en la comida que tiene delante: su color, aroma, textura, etc. Así apreciará la comida y saboreará cada bocado en lugar de picar sin pensar.

Incorpore meditaciones caminando a su rutina diaria

Las meditaciones caminando son una forma estupenda de ser más consciente y estar más presente en su cuerpo. Pueden realizarse en interiores o al aire libre y centrarse en cada paso y en las sensaciones que surgen en el cuerpo durante el proceso.

Empiece dando pasos lentos y pausados, prestando atención a cada pisada. Mientras camina, observe el paisaje y los sonidos que le rodean y permita que sus sentidos se involucren plenamente. Puede añadir ejercicios de respiración a la rutina, concentrándose en el ritmo de la respiración mientras camina.

Sea constante

La constancia es la clave para convertir una práctica en parte habitual de su vida. Póngase un recordatorio todos los días para dedicarse tiempo a sí mismo y meditar. Cuanto más constante sea su práctica, más fácil le resultará.

Recuerde que la meditación no consiste en alcanzar la perfección, sino en conectar con uno mismo en el momento. Cuanto más practique, más momentos de atención plena podrá incorporar a su vida cotidiana.

Más formas de elevar su vibración

La práctica de la meditación es una herramienta esencial para elevar su vibración y estar más presente y conectado. Hay muchas formas de elevar su vibración.

Disfrute de la naturaleza: La naturaleza tiene formas únicas de levantarle el ánimo y elevar su vibración. Tómese su tiempo para salir a la naturaleza, ya sea un simple paseo por el parque o una larga caminata por las montañas, puede ser increíblemente terapéutico para el cuerpo y la mente. Cuando está al aire libre, rodeado de árboles, animales, plantas y aire fresco, vuelve a conectar consigo mismo y recarga su energía.

Planee pequeñas vacaciones: Nada puede elevar su vibración como unas vacaciones cuando se siente empantanado por la rutina diaria. Alejarse del ajetreo y el bullicio de la vida cotidiana permite disponer de más tiempo para descansar, relajarse y estar presente en el momento.

Las vacaciones cortas son una forma estupenda de romper con la rutina diaria y elevar su vibración. Ya sea un viaje de fin de semana al campo o una estancia de una semana en otro país, estas escapadas le dan espacio y tiempo para divertirse, relajarse y disfrutar de las pequeñas cosas que ofrece la vida.

Escuche música relajante: Cuando escucha música, puede acceder a una profunda relajación y energía. La música relajante, como las piezas clásicas o los sonidos de la naturaleza, pueden ayudar a cambiar el estado de ánimo y elevar su vibración al instante. Pasar tiempo con la música es una oportunidad para la autorreflexión y una mayor autocomprensión.

Coma alimentos sanos y nutritivos: Lo que ingiere su cuerpo afecta directamente a su vibración y a sus niveles de energía. Comer alimentos sanos y nutritivos reduce el estrés y la fatiga, y le hace sentirse más enérgico y positivo. Una dieta sana llena de fruta fresca, verduras, superalimentos, frutos secos y semillas puede ayudarle a restablecer el equilibrio del cuerpo y la mente.

Otros hábitos alimenticios saludables que debe incluir en su dieta son evitar los alimentos procesados y azucarados, preparar las comidas, comer con atención y beber mucha agua a lo largo del día.

Practique el perdón y la atención plena: El perdón es fundamental para elevar la vibración positiva y dejar ir la energía negativa. Practicar el perdón puede ser difícil, pero es esencial para liberar el resentimiento o el dolor que esté guardando. Puede ayudar a sanar las relaciones y a superar las divisiones que se han creado. La atención plena consiste en estar presente y consciente en cada momento sin juzgar. Practicar la atención plena le ayuda a mantenerse conectado consigo mismo y con el mundo que le rodea, en lugar de refugiarse en sus pensamientos o preocupaciones. Aumenta la capacidad de experimentar alegría y paz y de estar presente para los demás.

Conecte con la bondad, la gratitud y la abundancia: Concentrarse en ser amable consigo mismo y con los demás ayuda a elevar la vibración y los niveles de energía. Lo mismo ocurre con el cultivo de la gratitud y la abundancia. Al expresar gratitud por las pequeñas bendiciones cotidianas, puede cambiar la percepción hacia el aprecio y la satisfacción. Centrarse en la abundancia que ya existe en la vida ayuda a reconocer la riqueza de los recursos disponibles. Esto abre nuevas posibilidades y oportunidades y le ayudará a llevar una vida con más sentido.

Participe en actividades que le aporten alegría: La alegría eleva la vibración y es esencial para una vida equilibrada. Las actividades que aportan alegría, como bailar o practicar un deporte, pueden mantenerle conectado con la vida. Recuerde que el placer no tiene por qué ser grande o grandioso; puede venir de algo tan sencillo como dedicarse tiempo a sí mismo cada día.

Rodéese de gente positiva: Rodearse de gente positiva ayuda a elevar su vibración y aumenta la confianza en sí mismo. Cuando está rodeado de personas que le apoyan, animan y sacan lo mejor de usted, se siente más conectado y realizado. A través de experiencias y conversaciones compartidas, puede aprender unos de otros, desafiarse a sí mismo y convertirse en la mejor versión de sí mismo. Cuando elija a su círculo íntimo, elija a quienes le eleven en lugar de hundirle.

La meditación es una herramienta increíblemente poderosa para acceder a su vibración más elevada. Meditar le conecta más profundamente con usted mismo y accede a su sabiduría interior. Puede utilizar la meditación para eliminar la energía negativa o las creencias autolimitadoras que le impiden avanzar en la vida con mayor claridad y determinación. La meditación ayuda a restablecer el equilibrio y la paz en el cuerpo, liberando la tensión o el estrés. Recuerde que elevar su vibración es una práctica continua; requiere dedicación, compromiso y constancia para ver resultados duraderos. Con paciencia y perseverancia, puede cosechar las recompensas de una vibración más elevada, mental y físicamente. Así que, tómese su tiempo hoy y aproveche su vibración más elevada.

Capítulo 5: El poder curativo del reiki

¿Se siente estresado, inseguro, y no muy seguro de cómo darle sentido al mundo en que vivimos hoy en día? El poder curativo del reiki puede ser justo lo que necesita. Muchas personas han oído hablar de él, pero no entienden cómo funciona o por qué es tan poderoso.

Reiki es una antigua práctica de sanación que se originó en Japón hace más de 2000 años. Se basa en el concepto de "ki" o "chi", que es una energía vital que existe en todos los seres vivos y que conecta con el universo. El reiki canaliza esta energía por todo el cuerpo para ayudarle a sanar de forma natural. "Reiki" proviene de dos palabras japonesas, "rei", que significa universal, y "ki", que significa energía, traducidas como "energía vital universal". Se basa en la creencia de que todos los seres vivos tienen un campo de energía o fuerza vital que debe equilibrarse y armonizarse para el bienestar físico y emocional. Los practicantes de reiki utilizan sus manos para canalizar energía positiva en el cuerpo de una persona con el fin de promover la relajación y la curación.

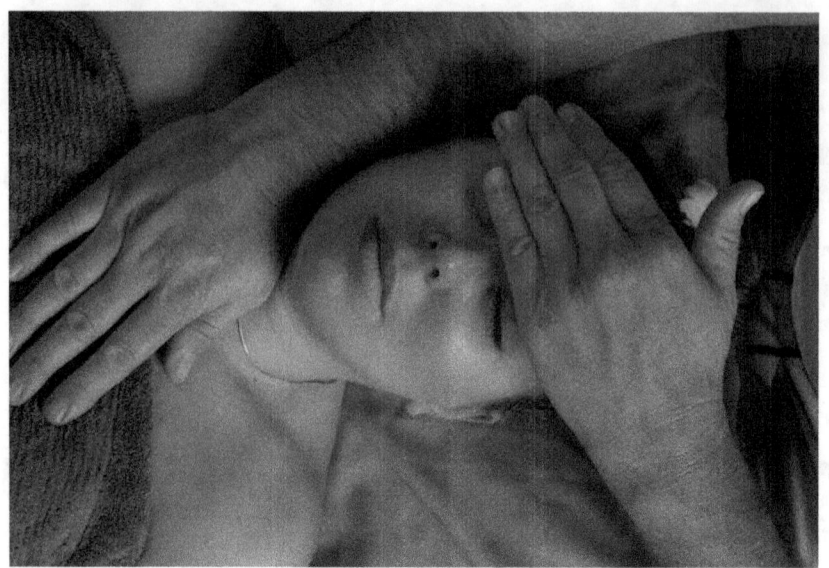

El reiki es una antigua práctica curativa que le permitirá limpiar su espíritu
https://www.pexels.com/photo/close-up-shot-of-a-woman-having-a-massage-5573584/

El reiki puede utilizarse como medida preventiva de bienestar y medicina curativa, ayudando a las personas con dolor físico o angustia emocional a encontrar alivio sin depender únicamente de medicamentos o tratamientos invasivos con efectos secundarios no deseados. Ha beneficiado a personas con enfermedades crónicas como la fibromialgia, la artritis y problemas de salud mental, como la depresión y la ansiedad, ayudándoles a encontrar un mayor equilibrio dentro de sí mismos al tiempo que alivian sus síntomas. El reiki puede ayudar a aumentar la claridad de pensamiento y ayudar a tomar mejores decisiones debido a su capacidad para abrir las vías energéticas bloqueadas que inhiben la capacidad de pensar con claridad y tomar decisiones racionales en la vida.

Orígenes

El reiki fue desarrollado por primera vez por un monje budista japonés, Mikao Usui, en 1922, tras experimentar un despertar espiritual mientras meditaba en el monte Kurama. Durante su estancia en la montaña, Usui sintió una profunda conexión con el poder curativo del ki y descubrió cómo utilizarlo con fines curativos. Pasó varios años estudiando y experimentando con esta poderosa forma de curación antes de fundar finalmente el sistema Usui de sanación por reiki.

Usui desarrolló un sistema de cinco principios que forman la base del reiki actual. Son los siguientes: No se enfade, no se preocupe, sea agradecido y hágalo lo mejor que pueda. Además de estos principios, hay tres niveles de práctica de reiki que requieren la sintonización con un maestro: Shoden (nivel principiante), Okuden (nivel intermedio) y Shinpiden (nivel maestro). Antes de pasar al siguiente nivel, el practicante debe demostrar su competencia en cada uno de los niveles precedentes.

Desde entonces, el reiki ha seguido evolucionando y llegó al mundo occidental a finales del siglo XIX de la mano del Dr. Chujiro Hayashi, que estudió bajo las enseñanzas de Usui. En 1937, abrió su clínica, ofreciendo tratamientos a muchas personas en todo el mundo. En 1938, introdujo las clases de reiki en las universidades para que otros pudieran aprender estas técnicas.

Hoy en día, millones de personas practican reiki en todo el mundo y creen que esta técnica les ayuda a alcanzar un mayor equilibrio mental, físico y emocional. Los practicantes utilizan varias posiciones de las manos sobre o encima del cuerpo de sus clientes, centrándose en su respiración y permitiendo que la energía natural fluya libremente a través de ellos mientras conectan profundamente con sus clientes. Durante este proceso, crean una atmósfera llena de amor y aceptación, permitiendo una sanación profunda dentro de usted y entre los seres humanos que comparten esta experiencia.

¿Cómo funciona el reiki?

El reiki equilibra las energías naturales del cuerpo en su núcleo a través de varias colocaciones de las manos llamadas mudras. Cuando estos mudras se usan correctamente durante una sesión de reiki, ayudan a restaurar el equilibrio entre la mente y el cuerpo y mejoran su bienestar general. Durante una sesión típica, los profesionales utilizan un toque suave para dirigir la energía positiva a las zonas del cuerpo que más la necesitan, como puntos de tensión o zonas afectadas por enfermedades o lesiones, mientras que las afirmaciones tranquilizadoras ayudan a liberar la energía negativa. Dependiendo de las necesidades individuales, una sesión suele durar entre 30 minutos y una hora.

Los practicantes de reiki creen que las enfermedades pueden deberse al bloqueo de las vías energéticas del cuerpo. Utilizando sus manos para transferir energía vital al cuerpo de sus clientes (energía canalizada), restablecen la armonía de sus sistemas y les ayudan a recuperar el equilibrio y el bienestar. El practicante no cura, sino que canaliza la energía vital para que actúe en beneficio del receptor.

La práctica consta de dos componentes principales:

1. **Colocación de las manos** (o posiciones de las manos) en zonas específicas del cuerpo que se corresponden con diferentes partes de las vías energéticas del cuerpo.
2. **Establecimiento de la intención:** Consiste en visualizar la luz blanca entrando a través de las manos en el cuerpo del cliente mientras se tienen pensamientos positivos para su bienestar. A través de estos dos aspectos, los practicantes pueden crear un ambiente para la curación y la restauración dentro de los cuerpos de sus clientes.

Un ejemplo de curación con reiki es el alivio del dolor. Cuando los músculos de una persona están tensos debido al estrés físico o emocional, el reiki le ayuda a relajarse equilibrando las energías en las vías de su cuerpo. El reiki ayuda a reducir la inflamación, aliviando el dolor y las molestias asociadas con la tensión muscular y la rigidez causadas por lesiones o enfermedades, como el síndrome de fatiga crónica o la fibromialgia. Muchas personas dicen sentirse llenas de energía después de las sesiones porque el reiki favorece la circulación por todo el cuerpo, aportando nutrientes beneficiosos y eliminando toxinas a mayor profundidad de la que alcanzan la mayoría de los tratamientos convencionales.

Otro ejemplo es la ayuda a personas con trastornos de ansiedad. Dado que el reiki actúa a nivel físico y emocional, puede ser de gran ayuda para las personas con ansiedad o depresión. Ayuda a restablecer el equilibrio en su mente, cuerpo y espíritu, promoviendo la paz y la relajación en lugar del miedo y la preocupación. El cliente puede atravesar los momentos difíciles con más facilidad que si estuviera lidiando con esas emociones solo, sin ayuda de fuentes externas como las sesiones de terapia de reiki. El cliente puede atravesar los momentos difíciles con más facilidad que si estuviera lidiando con esas emociones solo, sin ayuda de fuentes externas como las sesiones de terapia de reiki. Además, a muchas personas les resulta útil para tratar los trastornos del sueño. Un efecto secundario común es sentirse lo suficientemente relajado como para que el cliente caiga en un sueño profundo más rápido de lo normal después de recibir un tratamiento de reiki.

Practicarlo con regularidad junto con otras opciones de estilo de vida saludable, como una nutrición adecuada y ejercicio, les permite descansar mejor, lo que repercute positivamente en todos los demás aspectos de su vida, incluido el bienestar mental, emocional, físico y espiritual.

El reiki ha sido especialmente eficaz para ayudar a las víctimas de derrames cerebrales a recuperarse más rápidamente. Los estudios de investigación han demostrado que los clientes que recibieron tratamientos regulares de reiki mostraron una mejora de las habilidades motoras en cuestión de semanas en comparación con los que no recibieron esta terapia combinada con intervenciones médicas tradicionales como terapias ocupacionales y físicas. Se sugiere que debido a su capacidad para reducir la inflamación y aumentar la circulación en todos los sistemas del cuerpo, el reiki puede acelerar los tiempos de recuperación en ciertos casos.

El reiki tiene muchos beneficios, entre ellos:
- Reducir el estrés y la ansiedad
- Promover la relajación
- Mejorar la calidad del sueño
- Aumentar la inmunidad
- Aumentar la circulación
- Ayudar a la recuperación muscular
- Aliviar el dolor y los dolores de cabeza
- Acelerar los tiempos de recuperación
- Aportar claridad y comprensión en las trayectorias vitales

Está claro por qué tanta gente en todo el mundo recurre hoy en día a esta modalidad curativa tradicional en lugar de confiar únicamente en la medicina occidental.

Los 5 principios del reiki

1. "Solo por hoy, no me enfadaré"

El primer principio del reiki es "solo por hoy; no me enfadaré". Esta noción enfatiza la importancia de dejar ir las emociones negativas y permitirse vivir el momento presente. Cuando da un paso atrás y observa su situación actual, puede comprender mejor cómo la ira no le ayuda. Al contrario, crea más tensión al bloquear el flujo de energía y privarle de pensar con claridad.

Al practicar este principio, toma conciencia de sus pensamientos y emociones antes de que le causen daño. Se vuelve consciente de los sentimientos y considera cómo cada decisión podría afectar potencialmente a los demás. Al dar un paso atrás y ver el panorama general, puede controlar mejor las emociones y los comportamientos y mantener la calma, incluso en situaciones difíciles o con personas que desencadenan la ira.

Puede trabajar gradualmente para alcanzar la paz interior siendo consciente de los pensamientos, emociones y acciones mientras practica regularmente el amor propio. De acuerdo con el primer principio del reiki, "solo por hoy, no me enfadaré", esta creencia conduce finalmente a vivir una vida más plena.

2. "Solo por hoy, no me preocuparé"

El segundo principio del reiki anima a las personas a liberarse de sus preocupaciones y a centrarse en el momento presente. Este principio es "solo por hoy; no me preocuparé". Esta frase ayuda a las personas a centrarse en el presente y a liberarse de las ansiedades asociadas con preocuparse demasiado por el futuro o quedarse en el pasado.

Cuando una persona se preocupa demasiado, puede caer en un estado mental negativo y quedar atrapada en sus pensamientos y luchas. Esto le impide abrazar plenamente su vida y apreciar cada momento tal y como ocurre. Preocuparse también puede causar estrés físico, provocando dolores de cabeza, de estómago, fatiga y otras dolencias que complican la vida. El reiki le ayuda a liberarse de estos patrones de preocupación, mostrándole cómo ser consciente del momento presente y cuidar mejor de sí mismo.

La frase "solo por hoy, no me preocuparé" es una afirmación que le recuerda que debe permanecer en el presente en lugar de rumiar pensamientos negativos sobre el futuro o acontecimientos pasados fuera de su control. Practicar este principio ánima a las personas a vivir la vida intencionadamente en lugar de dejar que el miedo dicte sus decisiones o acciones. Les permite tomarse tiempo para sí mismos sin sentirse culpables o ansiosos, siendo más amables y gentiles consigo mismos, de modo que tengan más energía para los demás.

3. "Solo por hoy, haré mi trabajo con honestidad"

El tercer principio del reiki es "solo por hoy; haré mi trabajo honestamente". Este principio anima a ser consciente de sus intenciones y motivaciones en su trabajo diario. Asumir la responsabilidad de sus acciones y ser honesto y ético en todo lo que hace es importante. Le permite generar confianza con los demás y asegurarse de que sus acciones repercuten positivamente en quienes le rodean.

Cuando realice un trabajo honesto, recuerde actuar siempre con integridad. Significa ser sincero en todas las interacciones, asumir la responsabilidad de sus errores y no tomar atajos ni participar en prácticas poco éticas como el soborno o la corrupción. Su trabajo será de la máxima calidad. Servirá para el propósito previsto, manteniendo una buena reputación entre quienes le rodean y construyendo relaciones significativas basadas en la confianza y el respeto mutuos.

Mantener la motivación pura al realizar un trabajo honesto es esencial. Debe esforzarse por encontrar la alegría en lo que hace, en lugar de verlo como un medio para alcanzar un fin o perseguirlo únicamente por codicia o ambición. Al trabajar honestamente, contribuye a fomentar un entorno de productividad, creatividad, colaboración y crecimiento en usted mismo y en los que le rodean. Inspirará a otros a seguir su ejemplo dando buen ejemplo y demostrando el valor del trabajo duro con integridad. De esta manera, hacer un trabajo honesto crea un efecto dominó al ayudar a otros a alcanzar su máximo potencial.

4. "Solo por hoy, sea compasivo consigo mismo y con los demás"

El cuarto principio del reiki es "solo por hoy, sea compasivo consigo mismo y con los demás". Este principio fomenta la autocompasión y la bondad hacia los demás, incluso cuando se enfrentan a dificultades. Le llama a dejar a un lado los juicios y la ira y a centrarse en comprender a los demás y sus perspectivas.

Cuando practica la autocompasión, acepta sus errores y defectos sin criticarlos ni juzgarlos en exceso. Además, la autocompasión le ayuda a superar sanamente las emociones difíciles. Al mostrar compasión hacia los demás, deja de sentirse superior o inferior a ellos, reconociendo que todas las personas tienen defectos y que nadie es perfecto. La compasión va más allá de esas imperfecciones y le ayuda a conectar más profundamente con los demás.

Practicar la autocompasión y la compasión por los demás ayuda a desarrollar la resiliencia en tiempos de adversidad. Cuando nos enfrentamos a situaciones difíciles, aprendemos a responder con paciencia y comprensión en lugar de juzgar o enfadarnos, y a afrontar mejor los acontecimientos estresantes de la vida. Además, ofrecer amabilidad y apoyo a quienes lo necesitan les beneficia y hace que su vida tenga más sentido.

5. "Solo por hoy, estaré agradecido por todas mis bendiciones"

El quinto principio del reiki es "solo por hoy; estaré agradecido por todas mis bendiciones". Este mantra anima a hacer un esfuerzo consciente para reconocer y agradecer sus muchas bendiciones. Al tomarse el tiempo de apreciar lo que se tiene, uno se abre al inmenso poder de la gratitud y la abundancia. Expresar gratitud por los placeres sencillos de la vida, como una taza de té caliente o un día soleado, invita a disfrutar más de estos momentos.

La gratitud ayuda a cultivar emociones y relaciones positivas con los demás. Dar las gracias y reconocer lo bueno de los que le rodean crea vínculos significativos que pueden durar toda la vida. Además, expresar gratitud permite reconocer mejor los éxitos y logros diarios, lo que aumenta la satisfacción y la motivación. Crea una actitud de abundancia (no solo material, sino también espiritual) que le ayuda a centrarse en lo que más importa.

Agradecer todas las bendiciones es un recordatorio de que todo es efímero y temporal. La vida está llena de altibajos; es importante reconocer cuándo son buenos tiempos y saborearlos mientras duren. La gratitud ayuda a mantener los pequeños problemas de la vida en perspectiva, recordándole lo mucho que tiene que agradecer cada día.

¿Se puede aprender reiki de forma autodidacta?

El reiki puede ser autodidacta. Sin embargo, muchos expertos recomiendan trabajar con un practicante experimentado si está comenzando con esta práctica curativa. Trabajar con un practicante experimentado le guiará en el uso de reiki para obtener los mejores resultados y una visión de lo que significa convertirse en un practicante de reiki. Sin embargo, algunas personas han aprendido con éxito cómo hacer reiki por sí mismos a través de libros, CDs y otros materiales de instrucción disponibles en línea o en tiendas especializadas.

Cuando practique reiki, recuerde que la experiencia de cada persona es única, y que no existe un enfoque único para la curación y el equilibrio. Cada individuo debe encontrar su manera de conectar con la fuente de energía universal al utilizar esta práctica, ya sea a través de métodos autodidactas o con un maestro de reiki experimentado que le ayude a guiar su camino hacia la autosanación. Además, la práctica regular le ayuda a estar más en sintonía con su campo de energía personal, lo que le permite canalizar eficazmente esta energía para su máximo beneficio mientras se trata a sí mismo o a otros.

Al aprender reiki, es importante saber que se trata del flujo de energía. Por lo tanto, desarrollar una comprensión del flujo de energía es clave para dominar esta técnica. Puede tomar tiempo para que su cuerpo se sintonice con los patrones de energía del reiki, pero con la formación adecuada y el compromiso, con el tiempo será capaz de manipular esta poderosa fuerza dentro de sí mismo con fines curativos. Además, las prácticas de meditación benefician al reiki, ya que ayudan a conseguir un estado de relajación, permitiendo que su cuerpo se abra más fácilmente bajo su influencia.

Cualquiera puede aprender a practicar reiki, tanto si elige la vía tradicional estudiando directamente con un maestro como si se enseña a sí mismo a través de libros y otros recursos didácticos disponibles en línea y en tiendas especializadas. En cualquier caso, se necesita dedicación y compromiso para que alguien que busque el equilibrio y el bienestar a través de esta poderosa modalidad obtenga todos sus beneficios, tanto personales como profesionales.

Los tres niveles de reiki

1. Shoden

Shoden es el primer nivel de reiki y la base de una práctica de reiki. Introduce a los practicantes al camino del reiki y les da una comprensión básica de cómo funciona y cómo usarlo sobre sí mismos, otras personas, animales, plantas y objetos.

Durante el entrenamiento de reiki de nivel Shoden, las personas aprenden más sobre la sanación energética, la historia del reiki, sus principios y normas de etiqueta (rei-ki-ho), y las posiciones de las manos para el autotratamiento y el tratamiento de otras personas. Los practicantes aprenden los símbolos de poder utilizados en los tratamientos (cho ku rei y sei he ki) y técnicas para escanear el cuerpo en busca de zonas que necesiten curación.

En este nivel introductorio de aprendizaje, los alumnos conocen las cinco enseñanzas principales del Dr. Mikao Usui;

Solo por hoy:
- No se enfade
- No se preocupe
- Sea agradecido
- Trabaje duro
- Sea amable con los demás

Esta enseñanza es parte integral de su formación para comprender cómo usar el reiki e incorporarlo a su vida diaria.

Las prácticas que se reciben en este nivel incluyen meditaciones en las que los practicantes conectan con su energía curativa natural y métodos de reiki sobre sí mismos colocando sus manos en varias posiciones sobre su cuerpo, enviando energía reiki a través de sus manos. Reciben instrucción sobre cómo tratar a los demás mediante el tacto o sin tocar, colocando las manos a unos centímetros del cuerpo de alguien mientras le envían energía curativa.

Además, a los practicantes se les enseñan los límites personales a la hora de administrar tratamientos y cómo crear un espacio seguro para sí mismos y para aquellos a los que tratan. Al aprender estos conceptos básicos durante Shoden, los practicantes desarrollan una base sólida que les servirá a lo largo de los futuros niveles de formación del reiki.

2. Okuden

Okuden (nivel intermedio) es un nivel de reiki que se basa en las enseñanzas de Shoden (primer nivel). Introduce conceptos y prácticas más intrincados, haciendo que los practicantes sintonicen más profundamente con su energía. Esta comprensión más profunda les ayuda a curarse mejor a sí mismos y a los demás.

En el nivel Okuden, los practicantes aprenden a utilizar su energía vital (ki) en los procesos de curación. Además, aprenden técnicas utilizadas para canalizar la energía del universo hacia sí mismos y hacia sus clientes, como centrarse en una imagen mental o un símbolo al enviar energía curativa y centrarse en una zona del cuerpo al realizar tratamientos. Aprenden sobre los chakras y el campo áurico que rodea el cuerpo para identificar las zonas curativas o energizantes.

Los practicantes del nivel Okuden adquieren una mayor sensibilidad a las diferentes energías y vibraciones que les rodean, lo que les permite captar pistas sutiles durante los tratamientos que indican las zonas que necesitan sanación. En esta etapa, los estudiantes aprenden técnicas como la sanación a distancia para enviar energía reiki a grandes distancias sin estar físicamente presentes con su cliente.

El nivel Okuden es generalmente considerado uno de los niveles más poderosos de entrenamiento de reiki disponibles. Muchos practicantes sienten que les ayuda a alcanzar un nuevo plano espiritual en sus habilidades. En este punto, se conectan con la realidad física y las energías invisibles que componen todos los aspectos de la existencia: Emociones, pensamientos y espíritu. Los practicantes de la maestría Okuden asumen la responsabilidad de conectar con estas energías espirituales superiores y avanzar eficazmente en el camino elegido hacia el autodominio y el crecimiento personal.

3. Shinpiden

Shinpiden, conocido como el nivel de maestría del reiki, es el nivel más alto de iniciación al reiki. Implica una exploración profunda de la autosanación y la conciencia energética. En Shinpiden, los practicantes reciben tres símbolos sagrados que mejoran sus capacidades curativas y aumentan su poder de tratamiento de reiki. Este nivel permite a los practicantes trabajar con los clientes más profundamente, abordando cuestiones más profundas y bloqueos que les impiden vivir a su máximo potencial.

En el nivel Shinpiden, los practicantes adquieren una comprensión aún mayor del uso de su energía reiki combinada con meditaciones, mantras y afirmaciones para obtener resultados duraderos. Aprenden a identificar las energías que obstaculizan el desarrollo de un individuo o su recuperación de una enfermedad. Los practicantes se convierten en maestros de las técnicas de sanación a distancia, aprendiendo a conectar espiritualmente con los demás, independientemente de la proximidad física.

Además de aprender nuevos símbolos y técnicas, los practicantes de Shinpiden reciben herramientas específicas que les ayudan a progresar espiritualmente a lo largo de la vida. Entre ellas se incluye la comunicación con la guía superior y la creación de poderosos rituales curativos o mantras para abrir las vías dentro de sí mismos y aprovechar los poderes espirituales previamente dormidos. Se enseña a los practicantes a acceder a los registros akáshicos, que contienen toda la información sobre vidas pasadas y patrones kármicos relacionados con los acontecimientos de la vida actual.

Los estudiantes de Shinpiden exploran otros aspectos del reiki, como el asesoramiento espiritual, la activación de la kundalini y la recuperación del alma, así como consejos para mantener los límites espirituales cuando trabajan con clientes o imparten clases o talleres. A través de esta práctica, aprenden la mejor manera de trabajar como conductos entre el mundo espiritual, los elementos naturales y la humanidad.

El viaje realizado en Shinpiden se ha comparado con completar un "aprendizaje espiritual" en el que se revela el verdadero propósito del practicante. Les ayuda a convertirse en creadores conscientes en lugar de víctimas de las circunstancias o de emociones y sistemas de creencias limitantes que les impiden alcanzar la verdadera felicidad en esta vida.

Capítulo 6: Limpieza de energía con reiki

La limpieza energética con reiki es una herramienta increíblemente poderosa y respaldada por la investigación para ayudar a mejorar el bienestar físico, emocional, mental y espiritual. Su practicante canaliza esta energía vital especial hacia usted para limpiar su aura y devolver el equilibrio al cuerpo, permitiendo a sus células acceder a una fuerza vital más revitalizante. Se sabe que esta práctica ancestral produce cambios físicos positivos, como el aumento de los niveles de energía, la mejora de los patrones de sueño y el fortalecimiento del funcionamiento del sistema inmunitario. Desde el punto de vista emocional, puede aportar claridad mental y reducir la ansiedad asociada al estrés. Mentalmente, mejora la concentración y la claridad. Espiritualmente nutre la paz, conduciéndole hacia su verdadera misión en la vida con una gracia sin precedentes.

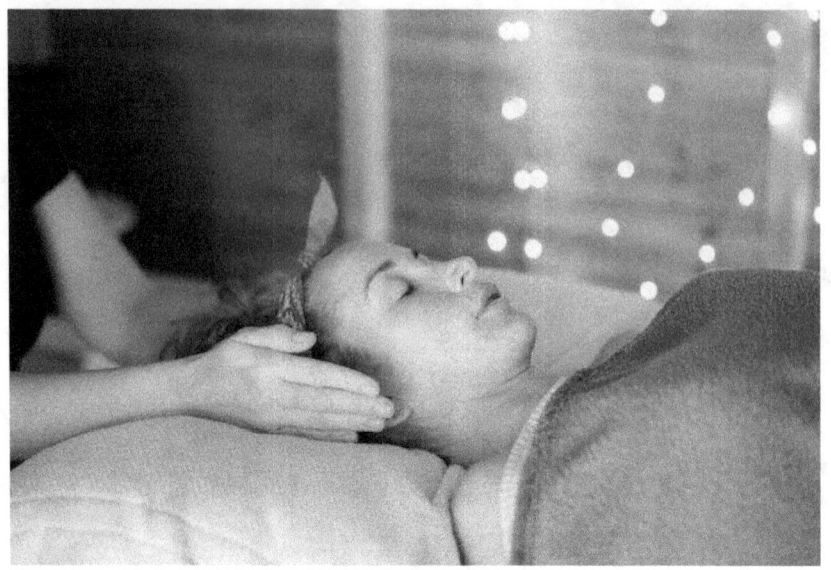

El reiki tiene la capacidad de limpiar cualquier energía negativa de su aura
https://www.pexels.com/photo/crop-masseuse-with-hands-near-ears-of-woman-5240700/

Cómo sentir la energía a través del reiki

Sentir la energía es crítico para la práctica del reiki, ya que los practicantes pueden evaluar el flujo de energía dentro y alrededor de sus clientes. Entender que todas las personas que componen nuestro mundo pueden sentir o percibir energías sutiles es importante a la hora de comenzar su viaje hacia la detección de la energía. Con la práctica, cualquiera puede aprender a detectar e interpretar esta energía más profundamente.

Los siguientes ejercicios le ayudarán a ser más competente en la detección de la energía:

1. **Comience con una meditación de concienciación:** Siéntese cómodamente en un lugar tranquilo, cierre los ojos y concéntrese en la respiración. A medida que surjan los pensamientos, acéptelos sin juzgarlos antes de volver suavemente la atención a su respiración. Este ejercicio le ayudará a ser más consciente de su cuerpo y de sus sensaciones, permitiéndole un mayor sentido de la conciencia.

2. **Enraizamiento intencionado:** El *enraizamiento* consiste en conectar con la energía de la tierra, lo que le ayuda a estar más centrado y conectado consigo mismo y con su entorno. Sentado

o de pie, apoye ambos pies firmemente en el suelo y centre su atención en esta conexión entre usted y la tierra. Visualice las raíces que salen de cada pie y se adentran en el suelo. Una vez que se sienta conectado, respire profundamente y relájese en esta sensación de estabilidad.

3. **Búsqueda de energía**: Siéntese cómodamente o túmbese en la cama antes de explorar lentamente su cuerpo en busca de sensaciones. Puede que sienta sensaciones como calor, hormigueo o vibraciones a medida que se concentra. Si algo le llama la atención, preste más atención a esa zona. A medida que realice este ejercicio más a menudo, reconocerá reacciones más sutiles y obtendrá una mayor comprensión del campo de energía que rodea su cuerpo.

4. **Conectar con los demás**: Póngase de pie o siéntese en una posición relajada con la persona que tiene delante para practicar la percepción del campo energético de otra persona. Una vez conectado con su presencia a través del contacto visual, libere todas las expectativas y tome conciencia de los sentimientos o impresiones que surjan en su interior durante esta conexión. A medida que pase el tiempo durante este intercambio, manténgase abierto a la información que recibe y preste atención a los cambios sutiles en la energía que está percibiendo.

Estos sencillos pasos le ayudarán a comprender mejor la energía que hay en usted y en los demás, y a ser más competente en el uso del reiki con fines curativos. Recuerde, la práctica hace al maestro, así que sea paciente consigo mismo mientras explora este nuevo reino de energía. Con esfuerzo y dedicación constantes, podrá desvelar los misterios de la energía de reiki.

Técnicas de reiki de nivel 1-2 para limpiar la energía no deseada del cuerpo

Rituales previos al reiki

• **Sintonización del reiki**

Las iniciaciones de reiki son esenciales en el entrenamiento del reiki. Durante una ceremonia de sintonización, el practicante de reiki entra en un estado de mayor receptividad para estar abierto y receptivo a la energía del reiki. Esencialmente, se "sintoniza" con la energía vital que fluye a través de todos los seres vivos. Este proceso de sintonización les permite acceder y transmitir esta poderosa energía curativa con mayor facilidad y precisión.

- **Uso de los símbolos del reiki**

Los símbolos del reiki son parte integral de la práctica curativa del reiki y pueden ayudar a profundizar aún más su eficacia. Abren y equilibran los canales de energía en el cuerpo, permitiendo un flujo más eficiente de la energía curativa. Los símbolos específicos utilizados dependen de la tradición del practicante, pero normalmente incluyen cho ku rei, sei he ki, hon sha ze sho nen, dai ko myo y raku.

Cho ku rei es un símbolo de poder, protección y conexión a tierra durante las sesiones de reiki. Se cree que limpia la energía negativa de un aura o entorno y fortalece la conexión con su ser superior.

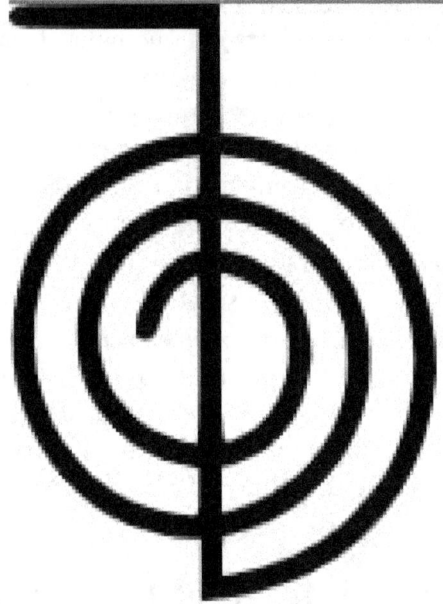

Cho ku rei

Chokurei.jpg: Stephen Buck el trabajo de reiki de Sanghaderivative: LeonardoelRojo, CC BY-SA 2.0 <https://creativecommons.org/licenses/by-sa/2.0>, vía Wikimedia Commons https://commons.wikimedia.org/wiki/File:Chokurei.svg

Sei he Ki ayuda a promover la claridad mental al tiempo que ayuda en la curación emocional. Es un símbolo particularmente poderoso para ayudar a procesar las emociones que una persona tiene dificultades para trabajar sin ayuda.

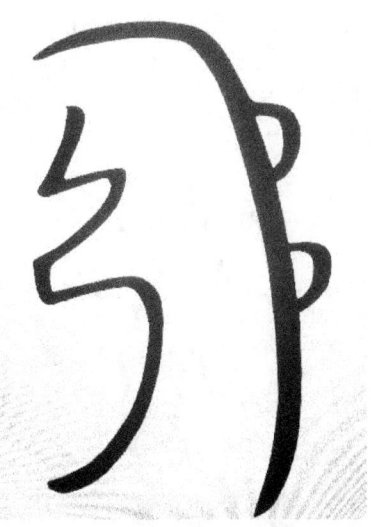

Sei he ki
*L orlando, CC BY-SA 4.0 <https://creativecommons.org/licenses/by-sa/4.0>, vía Wikimedia Commons*https://commons.wikimedia.org/wiki/File:Seiheki.jpg

Hon sha ze sho nen ayuda en la sanación a distancia, creando un puente energético entre dos personas para que se beneficien de una sesión, aunque no estén físicamente la una con la otra.

Hon sha ze sho nen
Juan Camilo Guerrero, CC BY-SA 4.0 <https://creativecommons.org/licenses/by-sa/4.0>, vía Wikimedia Commons
https://commons.wikimedia.org/wiki/File:Hon_Sha_Ze_Sho_Nen_Symbol.jpg

Dai ko myo representa la iluminación espiritual y le ayuda a abrir una comprensión más profunda de sí mismo.

Dai ko myo
Nathaniel_U's, CC BY 2.0
<https://creativecommons.org/licenses/by/2.0/>https://www.flickr.com/photos/nathan_u/13121698433

El raku fomenta el crecimiento y la transformación de la vida, viéndose a sí mismo desde un lugar de aceptación sin prejuicios.

El uso de estos símbolos durante la práctica puede ayudar a amplificar el poder del reiki y ayudar a limpiar los bloqueos de energía en el cuerpo o la mente. Se utilizan antes de comenzar una sesión o según sea necesario, para romper las energías estancadas que se interponen en el camino de una curación exitosa. Cuando estos símbolos se usan con intención, su efectividad aumenta exponencialmente, así que concéntrese en ellos cuando invoque estas herramientas especiales en su práctica.

Pasos para limpiar energías no deseadas
Técnica de respiración y visualización del reiki

La técnica de la respiración del reiki es una forma suave y eficaz de limpiar la energía no deseada de su cuerpo o el de otra persona. Es una herramienta simple pero poderosa para limpiar obstrucciones en el cuerpo en solo unos minutos. Aquí están los pasos para guiarle a través de esta técnica:

1. Siéntese o túmbese cómodamente con los pies apoyados en el suelo. Puede cerrar o abrir los ojos, lo que le resulte más cómodo.
2. Respire profundamente varias veces para relajarse, tome conciencia de su intuición y visualice una luz blanca entrando en su cuerpo. Sumérjase en esta visualización y concéntrese en sentir que el amor y la paz irradian por todo su ser.
3. Una vez que haya respirado profundamente varias veces, imagine que la energía negativa de su cuerpo se libera a través de su respiración: Pensamientos, emociones, dolor físico, etc. Vea cómo esta energía se evapora de usted hasta que se haya disipado por completo de su ser.
4. Después de liberar su energía negativa, puede extender la curación reiki a los demás. Visualice una luz blanca que emana del centro de su chakra del corazón y se extiende hacia afuera como dedos alrededor del cuerpo de alguien a quien quiere ayudar a sanar (aunque no esté físicamente con usted) hasta envolverlo en un abrazo amoroso de luz y calor. Utilice otros colores de luz en función de la curación.
5. Permítase imaginar que la energía negativa o las obstrucciones dentro de sus cuerpos se liberan a través de su respiración. Al mismo tiempo, ellos también respiran profundamente, obsérvelos en su estado relajado, sin dolor ni molestias, antes de abrir lentamente los ojos, sintiéndose renovados y revitalizados.

Técnica de la posición de las manos en el reiki

El siguiente paso es usar la técnica de posición de manos en el reiki, una forma poderosa de limpiar la energía no deseada del cuerpo.

1. Después de completar la visualización, respire profundamente unas cuantas veces para estar plenamente presente y relajado.
2. Cuando se sienta preparado, coloque las manos en distintas posiciones del cuerpo, como el abdomen, el pecho, la espalda o la cabeza. En cada posición, tómese su tiempo para percibir las sensaciones que surjan. No intente controlar estas sensaciones, sino deje que se muevan a través de usted. Muévase lentamente y sienta la energía que entra en sus manos.

3. Una vez que haya colocado las manos en cada posición, muévalas suavemente en pequeños círculos u ondas sobre la zona durante unos 3-5 minutos. Esto ayuda a limpiar la energía no deseada del cuerpo de la persona, dejando espacio para que entren las energías curativas.
4. Además, es importante no aplicar demasiada presión al mover las manos; en su lugar, déjese guiar por lo que sienta bien en cada momento. Confíe en que el reiki sabe cómo equilibrar mejor las energías del cuerpo de la persona.

- **Posiciones de las manos para la autolimpieza**

La posición de oración: Simplemente, junte ambas manos frente al centro de su corazón. Presione las palmas firmemente una contra la otra y las puntas de los dedos apuntando hacia el cielo. Cree una poderosa conexión energética entre ambas manos, actuando como puente entre el mundo físico y el espiritual, permitiéndole extraer la energía atascada que pueda estar obstruyendo su flujo energético. Esta posición es ideal para cualquiera que busque crear equilibrio en su sistema o abrir chakras bloqueados.

Posición de palma abierta: Siéntese con la columna recta y extienda ambos brazos directamente frente a usted a la altura de los hombros, con las palmas hacia afuera. Respire lenta y profundamente mientras se visualiza a sí mismo, enviando luz sanadora desde las puntas de los dedos hacia el entorno. Al exhalar, imagine que la energía negativa o atascada es extraída a través de las palmas de las manos y devuelta al entorno, donde será transmutada lejos de su sistema para siempre. Esta posición ayuda a expandir sus campos energéticos a la vez que proporciona protección contra las influencias externas que de otro modo podrían interferir con sus vibraciones.

Posición con las palmas hacia abajo: Siéntese cómodamente con los brazos extendidos hacia delante a la altura de los hombros, las palmas de las manos hacia abajo, hacia el suelo debajo de usted. Imagine que las raíces crecen desde la punta de cada dedo hacia la tierra, donde pueden atraer energías nutritivas y, al mismo tiempo, extraer la energía pesada o estancada acumulada con el tiempo en su sistema. Este ejercicio ayuda a conectar profundamente con el abrazo nutritivo de la Madre Tierra, a la vez que favorece el enraizamiento y la estabilidad a todos los niveles mental, emocional y físico.

- **Posición de las manos para limpiar la energía de otra persona**

Se pueden utilizar numerosas posiciones de las manos para limpiar la energía no deseada del cuerpo de otra persona. Cada posición facilita diferentes aspectos del proceso de limpieza energética, desde centrarse en zonas específicas hasta crear un efecto de limpieza más completo.

Una de las posiciones más básicas de las manos para la limpieza energética consiste en colocar una o ambas manos a unos centímetros de los chakras o centros energéticos de la persona. Esto ayuda a limpiar la energía estancada o atascada en esas zonas. Visualizar un color en particular rosa, azul o verde asociado con la curación y la limpieza mientras se utiliza esta técnica puede ser beneficioso.

Otra posición popular de las manos consiste en ponerlas alrededor de la cabeza y los hombros de la persona mientras se respira profundamente. Combine esta técnica con la visualización de una luz curativa que entra por las palmas de las manos y penetra en el cuerpo. Esta técnica ayuda a crear equilibrio y bienestar general.

Utilice las manos para masajear los puntos de tensión del cuerpo de la persona, como la espalda, el cuello y los hombros. Masajear suavemente estas zonas ayuda a liberar el estrés y la tensión acumulados, permitiendo que fluya más energía positiva a través de ellas sin obstáculos. Puede añadir aceites relajantes de aromaterapia para aumentar los beneficios de la relajación.

Conexión a tierra

La técnica reiki de conexión a tierra para limpiar la energía no deseada es crear un cordón de conexión a tierra.

Tómese unos momentos para concentrarse y volver a centrarse.

1. Cierre los ojos y respire profundamente varias veces. Sienta los pies en el suelo e imagine que está conectado a la energía de la tierra a través de su núcleo.
2. Visualice un cordón de conexión a tierra que se extiende desde el chakra base, en la base de la columna vertebral, hasta la tierra que hay debajo de usted. Este cordón debe ser visible en cualquier forma o color que le parezca natural; algunas personas lo imaginan como una cuerda gruesa, otras como un cable eléctrico.
3. Concéntrese en sentirse conectado con esta energía para que todas las energías sobrantes o no deseadas puedan ser extraídas a

través de este cordón y devueltas a la tierra, transmutadas en luz y amor.
4. Una vez que haya establecido su cordón de conexión a tierra, coloque las manos sobre la zona en cuestión (usted u otra persona) durante unos tres minutos. Permítase sentir su respiración durante todo el proceso. Es importante permanecer consciente de lo que ocurre en su interior y en el entorno que le rodea.
5. Si es necesario, pida en silencio que le guíen fuentes superiores o seres espirituales que le ofrezcan ayuda durante esta sesión.

Después de completar el paso cinco, libere lentamente la tensión mantenida a lo largo de este proceso, exhalando lentamente hasta sentirse más relajado antes de comenzar los pasos futuros de este proceso de limpieza. Es beneficioso dar las gracias a las entidades espirituales que le han ayudado durante la sesión antes de terminar con algún cuidado personal, como una taza de té o un paseo por la naturaleza.

Liberación final

La liberación final es el último paso en la limpieza de las energías no deseadas, de su cuerpo o del de otra persona. Respire profundamente unas cuantas veces y conéctese a tierra, visualizando las energías sobrantes o no deseadas abandonando el cuerpo a través de una luz blanca. Es esencial dar las gracias por la curación reiki y agradecer a la energía reiki por ayudar en la limpieza de las energías no deseadas, ya que esto podría ser una parte crucial de la curación espiritual.

A continuación, es importante entrar en un estado de relajación y dejarse llevar por la quietud. Si lo desea, tómese este tiempo para reflexionar sobre su experiencia y anotar lo que experimentó durante los diarios del proceso de curación. Sus diarios le permitirán reflexionar sobre su viaje hacia el crecimiento y el desarrollo espiritual, así que tómese un tiempo para reconocer lo que ha aprendido durante el proceso de liberación de energía.

Por último, termine la sesión con una meditación o contemplación. Concéntrese en sus patrones de respiración y déjese rodear por la quietud mientras mantiene pensamientos positivos. No olvide agradecer todo lo que ha aprendido durante este viaje, la autorreflexión puede llevarle a comprender mejor sus pensamientos, deseos, creencias y valores más íntimos. Al terminar, se sentirá lleno de energía o renovado.

Cualquier emoción que sienta en ese momento es válida y debe ser abrazada plenamente antes de volver a la realidad con una conciencia renovada.

¿Puede el reiki limpiar los chakras desbloqueados?

Una limpieza de reiki es una gran manera de desbloquear los chakras. El reiki combina el tacto y la meditación para ayudar a equilibrar y armonizar los sistemas energéticos del cuerpo. Durante una limpieza de Reiki, el practicante utiliza sus manos en posiciones específicas sobre los chakras correspondientes a los centros de energía de cada chakra. El practicante hace fluir la energía desde estos puntos de los chakras, eliminando bloqueos o interrupciones, utilizando el poder curativo de la energía vital universal del reiki en todo el cuerpo, incluidos los chakras.

Los chakras son esenciales para la salud física y emocional, ya que controlan la capacidad de conectarse energéticamente. Cuando uno o más chakras se bloquean, puede causar una serie de problemas que van desde el dolor físico y la enfermedad a problemas de salud mental como la ansiedad y la depresión. Una limpieza de reiki puede ayudar a eliminar las obstrucciones acumuladas a lo largo del tiempo, al tiempo que restablece el equilibrio adecuado en los siete chakras. También le ayuda a eliminar emociones negativas y sentimientos atrapados en su interior debido a experiencias de la vida o traumas, para que pueda avanzar más positivamente con energía y alegría renovadas.

El reiki es una poderosa modalidad de sanación que facilita el bienestar físico, emocional, mental y espiritual. Ayuda a las personas a reconectar con su esencia más profunda, su verdadero yo, aumentando la paz y la alegría general para vivir una vida empoderada y llena de intenciones. El desbloqueo de los bloqueos energéticos dentro de los chakras a través del reiki regular limpia a las personas y crea una base para la salud duradera en todos los niveles: mente, cuerpo, alma y espíritu.

Capítulo 7: Purificarse o no con sahumerios

No sabe qué hacer ¿purificarse o no purificarse? Es una decisión importante, ya que la purificación es una práctica espiritual poderosa. Consiste en quemar hierbas y resinas sagradas, como salvia, cedro, hierba dulce y lavanda, para purificar y limpiar la energía de un espacio. Muchas culturas tienen tradiciones específicas para la purificación, que a menudo implican la oración u otros rituales. Por ejemplo, en algunas culturas nativas americanas, encienden sahumerios de hierba dulce y los utilizan para hacer la limpieza con el fin de liberar en el aire la energía positiva de la planta sagrada. Cualquiera que sea el motivo por el que desea limpiar espiritualmente una zona, la limpieza puede ser la solución.

La purificación es un proceso utilizado por muchas culturas con diferentes fines espirituales
https://unsplash.com/photos/x5hyhMBjR3M

¿Es la purificación con sahumerios una práctica cerrada o una apropiación cultural?

La purificación, la práctica sagrada de quemar hierbas o resinas para purificar un espacio, se ha popularizado en los últimos años. Esta práctica se asocia a menudo con las culturas nativas americanas. Muchos practicantes espirituales y de la nueva era la consideran una práctica cerrada, lo que significa que solo debería ser utilizada por aquellos dentro de la cultura con el conocimiento y la comprensión adecuados de su importancia.

Además de considerarse una práctica cerrada, algunos afirman que la práctica de la purificación se ha convertido en un ejemplo de apropiación cultural (cuando una cultura toma elementos de otra sin permiso ni comprensión del contexto original). Esto incluye la adopción de símbolos de otras culturas o el intento de hacer pasar prácticas tradicionales por propias. Por ejemplo, muchas personas aprenden sobre la técnica de la purificación a través de libros, programas de televisión y películas, y no mediante enseñanzas tradicionales, sin tener pleno conocimiento de su significado e implicaciones espirituales.

La controversia en torno a la purificación ha aumentado en los últimos años a medida que más no nativos intentan utilizarla para sus prácticas espirituales sin comprender plenamente su historia y significado. Por ejemplo, celebridades como Gwyneth Paltrow han publicado fotos en las redes sociales haciendo limpieza con sahumerios en sus casas. Puede parecer inofensivo a primera vista, pero si se hace sin respetar la tradición, puede considerarse un comportamiento de apropiación.

Sin embargo, no todos los no nativos que se dedican a ello lo hacen por falta de respeto, muchos individuos encuentran un beneficio espiritual real en su uso, pero incluso aquellos con buenas intenciones pueden causar daño si no respetan adecuadamente las tradiciones. A la hora de practicar la purificación, es fundamental que cualquier persona ajena a esta cultura dedique tiempo a investigar su historia, a comprender su significado en el contexto de los nativos americanos, a pedir permiso cuando proceda y a dar crédito cuando comparta información. Esto ayuda a evitar que quienes no pertenecen a esta tradición se apropien de la práctica o la trivialicen, y garantiza que se escuchen las voces de los nativos cuando se debaten cuestiones relacionadas con estas prácticas espirituales.

La diferencia entre el sahumar y la limpieza con humo

El sahumar y la limpieza con humo son antiguos rituales espirituales utilizados durante siglos para limpiar y proteger a personas, lugares y objetos. Aunque ambos utilizan el humo para purificar, las dos prácticas tienen algunas diferencias.

El sahumar es una práctica ritual que se remonta a miles de años y se asocia sobre todo con la cultura nativa americana. Se utiliza un manojo de salvia, hierba dulce, cedro, tabaco u otras hierbas secas para crear una sustancia parecida al incienso. Este sahumerio se enciende hasta que crea humo, que limpia la zona o la persona de energía negativa. El sahumerio se utiliza a menudo para rezar, meditar y conectar con el mundo espiritual.

Por otro lado, la limpieza con humo o fumigación tiene sus raíces en muchas culturas antiguas, como las tradiciones griega, romana y africana. Consiste en quemar hierbas específicas, como incienso o sándalo, sobre pastillas de carbón para producir una gran cantidad de humo fragante. Este humo purifica un entorno u objeto eliminando la energía estancada o las influencias negativas y, al mismo tiempo, cura las heridas emocionales y restablece el equilibrio en el campo energético del cuerpo.

Tanto el sahumar como la limpieza con humo utilizan humo perfumado para purificar una zona o un objeto, pero difieren principalmente en sus historias de origen y en los ingredientes que se utilizan al realizar los rituales. En el sahumerio se suelen utilizar manojos de hierbas secas, mientras que en la limpieza con humo se emplean hierbas específicas, como incienso o sándalo, que se queman sobre pastillas de carbón. El sahumar suele tener fines espirituales relacionados con la oración o la conexión con el mundo de los espíritus. La limpieza con humo se centra principalmente en curar heridas emocionales y restablecer el equilibrio de los campos energéticos, más que en invocar una guía espiritual.

Beneficios de la limpieza con humo

La limpieza con humo es una práctica antigua utilizada por muchas culturas indígenas y chamanes durante siglos. Creen que es una forma poderosa de limpiar la energía negativa y crear equilibrio y armonía en un espacio. La limpieza con humo consiste en quemar hierbas naturales como salvia, cedro, hierba dulce, copal, lavanda o palo santo, que liberan un humo fragante en el aire. A medida que el humo viaja por el aire, tiene el poder de limpiar un espacio de energías negativas, creando sentimientos positivos y elevando la vibración.

Uno de los mayores beneficios de la limpieza con humo es su capacidad para ayudar a reducir el estrés y la ansiedad, normalmente a través de los efectos calmantes de su olor. El agradable aroma que desprende la quema de hierbas como la salvia o el cedro ayuda a promover la relajación y la calma en el cuerpo y la mente. Además, este olor puede inspirar la creatividad debido a su capacidad potencial para agudizar los sentidos.

También se ha demostrado que la limpieza con humo tiene propiedades antisépticas. Puede purificar eficazmente el aire de una habitación con virus o bacterias causantes de problemas respiratorios o enfermedades como resfriados y gripe. Por lo tanto, es una forma ideal de desinfectar espacios interiores sin utilizar productos químicos nocivos ni aerosoles. Además, la limpieza con humo puede mejorar la concentración gracias a su aroma calmante que ayuda a fomentar un ambiente relajante, perfecto para estudiar o trabajar en tareas que requieren mayor concentración y capacidad de atención.

Otro beneficio clave de la limpieza con humo es su aspecto espiritual. Se cree que cuando se practica en ceremonias sagradas, además de limpiar las energías negativas acumuladas, atrae intenciones positivas del universo, permitiéndole manifestar sus deseos más fácilmente. Por otra parte, al concentrarse en cada hierba durante el ritual, se puede conectar con sus propiedades medicinales, que son agentes curativos para problemas de salud física, emocional y mental como la inflamación y la depresión.

La limpieza con humo es beneficiosa porque fomenta la presencia consciente durante los rituales, involucrando activamente los cinco sentidos: vista (ver), sonido (oír), olfato (oler), gusto (degustar) y tacto (sentir). Esta práctica consciente le ayuda a tomar conciencia de su vida diaria, a mantenerse conectado con su entorno y a desarrollar una mayor conciencia de sí mismo a lo largo del camino.

Son muchos los increíbles beneficios asociados a la limpieza con humo:

- Reducir los niveles de estrés y ansiedad
- Mejorar la concentración
- Purificar el aire
- Atraer intenciones positivas del universo
- Ayudar a sanar la salud física, emocional y mental
- Fomentar la atención plena

Es un ritual inestimable para cualquiera que busque el crecimiento espiritual y el desarrollo personal.

Tipos de limpieza con humo

Una combinación de hierbas para la limpieza con sahumerio es la práctica tradicional de los nativos americanos, que utiliza cuatro hierbas principales: salvia blanca, hierba dulce, cedro y lavanda. La salvia blanca limpia espiritualmente una zona expulsando la energía negativa. La hierba dulce ayuda a atraer la energía positiva. El cedro purifica el espacio, protege contra la mala suerte y favorece la longevidad. La lavanda ayuda a promover la relajación y la paz mental. Al quemar estas hierbas juntas, el humo creado puede limpiar a una persona o una habitación de energías negativas y protegerla de cualquier daño.

Otra combinación de hierbas utilizada a menudo para la limpieza con humo es la madera de palo santo, procedente de Sudamérica, donde se utiliza tradicionalmente en ceremonias chamánicas de curación. Cuando se quema, esta madera produce un humo fragante que ayuda a purificar el ambiente reduciendo, la energía negativa, el estrés y la ansiedad, y fomentando la calma, la paz y la iluminación. La madera de palo santo ayuda a las personas a conectar con su yo superior durante la meditación o los rituales de oración, ya que contribuye a alcanzar niveles de conciencia más profundos.

Por último, muchas culturas de todo el mundo utilizan mezclas de hierbas para limpiar el humo, como el incienso y la mirra de Etiopía y el copal de Guatemala, entre otros. El incienso se quemaba tradicionalmente como incienso para limpiar los espacios y alejar los malos espíritus o la mala suerte. El aroma de la quema de esta resina ayuda a despejar la energía negativa, permitiendo que los presentes se sientan relajados, reconfortados y seguros en su entorno. La mirra se asocia desde hace mucho tiempo a las ceremonias religiosas por su fuerte aroma y ayuda a conectar con un poder superior. Quemar esta resina fomenta la reverencia, creando una atmósfera propicia para la meditación o la oración. El copal es otra resina arbórea cuyo humo se ha utilizado en ceremonias de purificación espiritual desde la antigüedad. Se sabe que su fragante aroma ahuyenta la negatividad y, al mismo tiempo, protege contra las influencias malignas.

Cómo crear un sahumerio

Crear un sahumerio es bastante sencillo, pero requiere paciencia y una buena dosis de investigación. Antes de empezar, compruebe si las hierbas que utiliza son seguras para quemar. Algunas plantas contienen aceites o toxinas que pueden ser peligrosas si se queman en un espacio cerrado. Además, tenga cuidado con las reacciones alérgicas, algunas personas son sensibles a ciertas plantas.

A la hora de elegir las hierbas para el sahumerio, opte por las más accesibles, como la salvia blanca (*salvia apiana*), el cedro (*juniperus virginiana*), la artemisa (*artemesia vulgaris*), la lavanda (*lavandula angustifolia*) y el romero (*rosmarinus officinalis*). Estas hierbas tienen múltiples beneficios, desde la protección y la limpieza hasta la curación.

Estos son los pasos para hacer su sahumerio una vez que haya elegido sus hierbas:

1. Reúna ramas o tallos largos de hierbas y únalos con un cordel. Deje suficiente espacio entre cada hierba para que el aire pueda circular por todo el manojo.
2. Haga un nudo con la cuerda en un extremo y, a continuación, envuélvala alrededor del centro del manojo varias veces antes de volver a atarla en el otro extremo.
3. Para secar el ramo, cuélguelo en un lugar cálido y bien ventilado, como un garaje o un porche, durante dos semanas. Dele la vuelta cada dos días para que las hierbas se sequen uniformemente.
4. Cuando el sahumerio esté completamente seco, podrá quemarlo. Puede encenderlo directamente con una cerilla o, si desea controlar mejor el humo, coloque un cuenco con arena y carbón debajo de la varilla.

Cuando queme el sahumerio, debe vigilar las brasas y apagar las que sean demasiado grandes. No deje nunca las hierbas encendidas desatendidas durante mucho tiempo por el riesgo de incendio. Recuerde deshacerse de las cenizas correctamente en un recipiente metálico lleno de arena o agua cuando termine el ritual.

Crear un sahumerio puede ser una experiencia gratificante y espiritual, ya que se trata de un antiguo ritual utilizado para alejar la energía negativa, limpiar el hogar y atraer vibraciones positivas. Sin embargo, es importante investigar antes y asegurarse de que las hierbas que se queman son seguras. Si quiere saber más sobre las distintas hierbas y plantas para este fin, eche un vistazo al glosario de hierbas del final de este libro para obtener más información.

Tipos de sahumerios

Hay muchos tipos diferentes de sahumerios, cada uno con propiedades y usos únicos.

1. **Sahumerio de salvia blanca:** La salvia blanca es un sahumerio común para la limpieza y purificación. Normalmente, se quema como incienso o se añade a otras hierbas para una limpieza más profunda. Esta salvia tiene un olor fuerte y acre y se utiliza para limpiar el aire de energía negativa.

2. **Sahumerio de cedro:** El cedro es otra opción popular para el sahumerio y tiene propósitos similares a la salvia blanca. El aroma del cedro es terroso y dulce, y ayuda a promover la conexión a tierra y la seguridad en el hogar o la oficina. En algunas tribus nativas americanas, el cedro se utilizaba para atraer la prosperidad y el éxito al hogar.

3. **Sahumerio de artemisa:** La artemisa es menos conocida que la salvia blanca o el cedro, pero se ha utilizado en varias culturas desde la antigüedad. El humo de la artemisa tiene propiedades curativas que ayudan a tener sueños lúcidos y a curar traumas emocionales. Protege de las energías dañinas cuando se quema en interiores o al aire libre.

4. **Palo santo:** El *palo santo* proviene de América del Sur y está hecho de fragantes trozos de madera de árboles que se encuentran en Perú, Ecuador, México y Guatemala. El humo de la quema de palo santo tiene poderes de limpieza espiritual para ayudar a limpiar la energía negativa del espacio cuando se quema

con regularidad. Tiene un aroma más agradable que otros palos de sahumerio, por lo que es perfecto para la aromaterapia y los rituales de limpieza espiritual.

5. **Sahumerio de hierba dulce:** La hierba dulce es una hierba nativa de Norteamérica que se utiliza a menudo en ceremonias sagradas porque invoca gratitud y positividad en quienes experimentan su fragancia. La hierba dulce ayuda a eliminar la energía negativa y trae bendiciones al entorno donde se quema.

Cómo limpiarse

Empiece por crear un ambiente de paz y tranquilidad. Puede conseguirlo con aceites esenciales, como los de lavanda o manzanilla, atenuando las luces, poniendo música suave, quemando incienso u otras medidas que ayuden a crear una atmósfera tranquilizadora.

A continuación, respire profundamente para relajar el cuerpo y la mente. Al inspirar, imagine que toda la energía positiva entra en su cuerpo, dejándole relajado y fresco. Al espirar, imagine que se libera de toda la negatividad. Continúe hasta que se encuentre en un estado completamente tranquilo.

Ahora es el momento de abrir su aura y liberar toda la energía estancada. Recite la afirmación: *"Abro mi aura y libero todo el estancamiento que hay en ella"*. Visualice una poderosa luz que irradia desde el centro de su pecho, expandiéndose lentamente y limpiando su campo energético. Hágalo hasta que sienta que su aura está completamente limpia de energía negativa.

El siguiente paso es recitar afirmaciones positivas u oraciones. Puede hacerlo en silencio o en voz alta, dependiendo de lo que mejor resuene con usted. Algunos ejemplos de afirmaciones positivas son: *"Soy digno de amor y felicidad"* o *"mi vida está llena de abundancia y gratitud"*. Algunas oraciones tradicionales son el padre nuestro, el ave María o el salmo 23.

Además de las afirmaciones y oraciones, el uso del sonido puede limpiar y equilibrar los campos energéticos. Algunos ejemplos de sonidos que ayudan a la limpieza son los cuencos tibetanos, los diapasones, las campanas o las palmas. Estas herramientas hacen vibrar su campo energético, permitiendo que la energía estancada se disipe.

Las hierbas medicinales son populares para la limpieza espiritual. Muchas hierbas tienen propiedades que ayudan a abrir el chakra del corazón, permitiendo que el amor, la aceptación y la curación entren en su vida. Entre las hierbas más utilizadas para la limpieza se encuentran la lavanda, la salvia, el romero, el jazmín y la menta. Puede utilizar estas hierbas quemándolas durante la meditación o las prácticas rituales, bebiéndolas como tés o infusiones, o llevándolas consigo cuando necesite un recordatorio de que está en un viaje espiritual.

Por último, es importante cerrar su aura una vez que haya terminado con el ritual de limpieza. Respire hondo y visualice una poderosa luz que irradia desde el centro de su pecho, encogiéndose lentamente hasta que toda su energía esté totalmente contenida en ella. Afirme: *"mi aura está cerrada y estoy protegido"* mientras realiza esta visualización. Esto ayuda a mantener alejadas las energías negativas, de modo que permanezcas en un estado abierto a las energías positivas.

Siguiendo estos sencillos pasos, podrá limpiarse con éxito y permanecer en un estado de paz y positividad. Recuerde incluir afirmaciones positivas y oraciones, y utilice el sonido para maximizar los efectos. Por último, tómese tiempo para valorarse por haber participado en este ritual de limpieza y exprese gratitud por todo lo que ha conseguido.

Hágase limpiezas con regularidad para beneficiarse de la paz interior y la claridad de liberarse de la negatividad y atraer más positividad a su vida.

Cómo limpiar el hogar

La limpieza del hogar es vital en la práctica espiritual. La limpieza puede ayudar a limpiar la energía estancada y traer vibraciones frescas y positivas. Ayuda a crear seguridad, paz y comodidad en su hogar. Siga estos pasos para limpiar su hogar:

1. **Despeje el aire:** Abra las ventanas y las puertas para que entre aire fresco. Encienda incienso o palitos de salvia para llenar el espacio de humo purificador. Si tiene aceites esenciales a mano, también puede utilizarlos. Mezcle dos gotas de aceite esencial de jazmín, lavanda y limón en un difusor para obtener un aroma relajante con beneficios purificadores.

2. **Cree un mantra:** Concéntrese en la intención de limpiar la energía negativa e invitar a las vibraciones positivas a su hogar. Cree un mantra sencillo que pueda repetirse a sí mismo, como *"mi hogar está lleno de amor y luz"* o *"que desaparezca toda*

negatividad de mi espacio".

3. **Visualice:** Tómese unos momentos para cerrar los ojos y visualizar todas las energías de su hogar liberadas a través de las ventanas y puertas abiertas. Imagine luz blanca o dorada entrando en su casa con aire fresco y llenando de paz cada rincón de su espacio.

4. **Utilice el sonido:** Los cuencos sonoros, las campanillas, los diapasones, los tambores u otros instrumentos son herramientas estupendas para limpiar los espacios energéticamente. Puede utilizar cantos tradicionales como Om y el mantra Gayatri para bendecir su hogar con positividad.

5. **Rece:** Ofrezca una oración o afirmación de gratitud y pida protección contra las energías negativas. Encienda una vela y concéntrese en enviar amor a su hogar, luego apague la llama para señalar la finalización de esta etapa de limpieza.

6. **Limpie los cristales:** Los cristales tienen propiedades especiales que limpian energéticamente los hogares, así que si los tiene en su espacio, es importante limpiarlos periódicamente. Coloque cada cristal en sal marina durante la noche y enjuáguelo al día siguiente. Esto ayudará a eliminar la acumulación de energía absorbida con el tiempo.

7. **Concéntrese en el autocuidado:** Tómese tiempo para tratarse con cariño. Dedique tiempo a meditar o relájese y conecte con su respiración. Le ayudará a permanecer con los pies en la tierra y centrado después de limpiar su hogar.

8. **Séllelo:** Para terminar el ritual, purifique las cuatro esquinas de cada habitación con incienso o humo de salvia y selle las puertas con sal para mantener alejada la energía negativa y proteger su espacio sagrado. Puede utilizar un cristal de cuarzo en cada esquina para mayor protección.

9. **Dé las gracias:** Dedique unos momentos a agradecer al universo todo lo que tiene y la energía purificadora de su hogar. Siéntase libre de añadir oraciones, afirmaciones, sonidos, aceites esenciales u otros elementos que considere adecuados para su espacio. Cuando haya terminado, respire profundamente por última vez y relájese en la energía positiva de su espacio limpio.

Cómo limpiar un objeto negativo

Limpiar un objeto puede ser una forma poderosa de recuperar la energía y el espacio de su hogar. Es importante realizar este ritual para protegerse de las energías negativas que puedan haber quedado atrás. Para limpiar un objeto se utilizan varios métodos, como oraciones, afirmaciones, sonidos, aceites esenciales, sahumerios con hierbas o incienso, visualización con o sin velas, o cánticos. He aquí las instrucciones paso a paso para limpiar un objeto:

1. Empiece por limpiar físicamente el objeto. Asegúrese de que está libre de suciedad y polvo antes de pasar a otras técnicas de limpieza.
2. Seleccione una oración o afirmación que resuene con usted y dígala en voz alta mientras se concentra en el objeto. Ejemplos de oraciones o afirmaciones; *"Limpio este objeto de toda la energía que no me pertenece"*, *"lleno este espacio de energía positiva y amorosa"*.
3. Utilice un instrumento sonoro como un tambor o un cuenco de cristal y cree una vibración alrededor del objeto. Esto le ayudará a liberar la energía negativa adherida a él.
4. Purifique el objeto con hierbas o incienso, como salvia, cedro, hierba dulce o palo santo. A medida que limpie alrededor del objeto, concéntrese en liberar las energías negativas dejadas atrás e invite a la paz y al amor.
5. Visualice el objeto rodeado de una luz blanca o un campo de energía que lo protege de energías no deseadas. Puede utilizar velas alrededor del objeto para crear un espacio acogedor.
6. Cante mantras o palabras de poder que sean significativas para usted mientras se concentra en el objeto. Esto le ayudará a elevar su vibración y a atraer energía positiva a su hogar.
7. Coloque gotas de aceites esenciales, como lavanda, incienso o sándalo, sobre el objeto para aumentar su protección y limpieza.
8. Por último, agradezca a su fuente espiritual que le haya ayudado a limpiar este objeto y establezca una intención clara sobre cómo desea utilizarlo en el futuro.

Por último, agradezca a su fuente espiritual que le haya ayudado a limpiar este objeto y establezca una intención clara sobre cómo desea utilizarlo en el futuro.

Siguiendo estas técnicas de limpieza, puede estar seguro de que el objeto ha sido limpiado de energía negativa y está listo para ser utilizado en su hogar. Recuerde, sea consciente de cómo utiliza el objeto para evitar que las energías no deseadas vuelvan a su espacio. Que la paz, el amor y la luz le acompañen.

Capítulo 8: Baños espirituales de limpieza y protección

Los baños han formado parte de las prácticas espirituales desde la antigüedad. Eran conocidos por sus propiedades curativas, limpiadoras y protectoras y por su capacidad para aliviar los síntomas del estrés y la ansiedad y mejorar el bienestar general. La gente de la antigüedad se sentía atraída por el agua de forma subconsciente. Comprendían que el agua era esencial para la supervivencia y reconocían sus propiedades curativas espirituales. Bañarse era una costumbre habitual en la antigua Grecia, India, Israel y Egipto. En la mayoría de estas culturas, el baño se conocía como purificación mediante el agua, especialmente si se bañaba en agua salada. Las formas más primitivas de esta práctica incluían visitar manantiales conocidos por su práctica curativa y sumergirse en el agua como expresión de devoción a su fe. El baño con piedras y sal se desarrolló más tarde como parte de las búsquedas espirituales. La sal añadida o el agua de roca potenciaban las propiedades purificadoras del agua, y la gente lo aprovechaba con gusto.

 Si es la primera vez que oye hablar de un baño espiritual, no está solo. Sin embargo, muchas personas toman baños espirituales antes incluso de darse cuenta de su existencia. Por ejemplo, si se ha dado un baño más largo de lo necesario para asearse, ya se ha adentrado en esta práctica espiritual. Si prefiere los baños a las duchas, ya sabe que no hay nada como sumergirse en un baño caliente y relajante después de un día ajetreado. Muchas personas disfrutan leyendo, escuchando música o bebiendo una copa de vino mientras se sumergen. Incluso pueden encender una vela o dos. Dejan que el agua y la quietud del momento les relajen. Sin embargo, los baños espirituales son ligeramente diferentes. Requieren una intención y un enfoque activo para relajarse. De lo contrario, no podrá centrarse en su intención, y sus rituales de baño no serán tan eficaces como cuando canaliza su intención. La clave para realizar este ejercicio espiritual es saber qué espera usted de su tiempo en el agua. Al sumergir todo su cuerpo, su intención canaliza las energías que desea trabajar. Por lo tanto, recuéstese y sumérjase bien mientras repite sus intenciones.

La mejor característica de los baños espirituales es que siempre puede darles su propio giro. Este capítulo proporciona instrucciones para baños de limpieza y protección espiritual, pero usted es libre de modificarlas a su gusto. Puede utilizar otras herramientas espirituales preferidas para aumentar la eficacia de su intención y alimentarla hasta que se haga realidad.

El propósito de los baños espirituales

Un baño espiritual es una forma magnífica de refrescar el cuerpo, la mente y el alma. Puede suministrar energía curativa a su cuerpo, mente y alma, permitiéndoles que le protejan de influencias nocivas. Probablemente, haya notado que después de tomar un baño habitual se siente diferente a como se sentía antes: su sensación de rejuvenecimiento y calma va más allá de su cuerpo. Debido a sus ingredientes, los baños espirituales pueden amplificar esta sensación. Estos ingredientes suelen contener energías o compuestos únicos que afectan a su energía. Tienen diferentes propósitos, que usted puede utilizar en un baño espiritual con una intención específica.

El objetivo principal de los baños espirituales es darse a usted mismo tiempo para reflexionar sobre las sensaciones que envuelven su cuerpo y las que van más allá. Durante un baño espiritual, inspeccione sus emociones en el momento presente. Tomarse el tiempo y el espacio necesarios para conectarse a tierra le permitirá identificar las áreas de su cuerpo, mente y espíritu que podrían beneficiarse de una curación energética.

Mientras examina las áreas problemáticas, busque inspiración para trabajar en ellas por otros medios. Por lo tanto, los baños espirituales no solo limpian y protegen, sino que también centran y motivan. Pueden acercarle a la naturaleza y agradecer sus dones, incluido el agua y todos los ingredientes naturales del baño.

Otra finalidad de los baños espirituales es equilibrar los chakras, que sanan la mente, el cuerpo y el alma. Eliminar los bloqueos de los chakras contribuye a su funcionamiento saludable y a su capacidad para prevenir enfermedades y lesiones.

Los beneficios de los baños espirituales

Un baño espiritual puede tener diferentes beneficios dependiendo de sus ingredientes y su intención. Normalmente, los baños espirituales purifican un campo energético y limpian el cuerpo, la mente y el espíritu. Otros beneficios son:

- **Disminuir los efectos de los estímulos externos**: En este mundo acelerado, le bombardean constantemente con información. Los entornos en los que se mueve, las personas con las que trata y los entretenimientos que consume están repletos de estímulos que afectan a sus energías. Los baños espirituales pueden ayudar a disminuir la huella energética de esas influencias que perturban su equilibrio.

- **Relajar el sistema nervioso:** Muchos ingredientes de los baños espirituales pueden calmar los nervios irritados, restablecer el equilibrio hormonal que afecta al sistema nervioso y reducir los efectos de las emociones negativas. Tiene una influencia saludable en su salud general. Después de un día estresante, puede darse un baño para desconectar de todas sus preocupaciones y disfrutar de un ambiente relajante.

- **Eliminar las toxinas**: Sumergirse en la bañera con agua salada u otros ingredientes con efectos antioxidantes es tan eficaz como tomar bebidas desintoxicantes. Además, un baño no requiere tanto tiempo de preparación y puede tener menos efectos no deseados en el organismo. Con solo pasar 20 minutos en la bañera, eliminará todas las toxinas de su cuerpo y favorecerá su bienestar.

- **Crear la atmósfera perfecta para la contemplación:** Ya que se está relajando y limpiando en la bañera, puede aprovechar el tiempo para hacer una pequeña investigación reflexiva sobre sí mismo. Puede reflexionar sobre su intención o pensar en sus objetivos y deseos; esta última práctica es excelente para establecer una conexión entre su intuición y su yo espiritual. Puede utilizar cualquier ejercicio para adquirir más conciencia de sí mismo y revelar sus necesidades más íntimas.

- **Purificar el cuerpo energético:** Los baños espirituales tienen un efecto terapéutico en el equilibrio de las energías sutiles. Sustituyen la energía estancada o nociva por vibraciones positivas y elevan sus vibraciones. Las sales, los cristales y los aceites esenciales son fundamentales para limpiar su cuerpo energético. Los aceites esenciales le ayudarán a sustituir la energía estancada por energía renovada, especialmente si pasa al menos 25 o 30 minutos en remojo y relajándose en la bañera.

Cómo darse un baño espiritual

No hay instrucciones sobre cómo tomar un baño espiritual. Sin embargo, siempre debe utilizar una intención e ingredientes que se ajusten a sus necesidades actuales. Independientemente de su objetivo, puede tomar algunas medidas para que sus baños sean más eficaces. Infundir a su baño la intención más adecuada es crucial, ya que le garantizará una mayor experiencia.

Instrucciones:

1. **Asegúrese de que la bañera esté limpia antes de bañarse.** De lo contrario, la energía negativa residual puede interferir con los rituales de baño, reduciendo su eficacia. Tanto si desea limpieza, protección o curación, la regla número uno es empezar de cero. Limpiar la bañera y la zona circundante ayuda a eliminar las influencias nocivas de su cuarto de baño y permite que sus baños surtan pleno efecto.

2. **Puede reproducir música.** Puede ser música de meditación o música que le ayude a relajarse y contribuya a los beneficios de limpieza y protección espiritual del baño. También puede escuchar una meditación guiada mientras se baña. O, si tiene la suficiente confianza, puede cantar antes y después del baño. Esto último ayuda a limpiar el espacio de las energías negativas que han salido de su cuerpo, mente y espíritu mientras se remojaba.

3. **Manténgase desconectado.** La posibilidad de escuchar música o sonidos no significa que deba hablar por teléfono o

utilizar otros dispositivos electrónicos mientras se sumerge. Coloque cualquier dispositivo que reproduzca el audio lo más lejos posible de su alcance para permanecer "desconectado."

4. **Establezca una intención clara.** Tanto si desea limpiar sus vías energéticas, resolver situaciones negativas, limpiar su cuerpo, mente y espíritu, o atraer influencias positivas a su vida, defínalo claramente antes de prepararse para el baño.

5. **Tómese su tiempo** para reflexionar sobre cómo se siente antes y después de tomar un baño. No todos los baños depurativos funcionan para todo el mundo. Para ver si un baño en particular funciona para usted, reconozca en qué necesita ayuda y compare sus resultados con cómo se sentía antes de tomarlo.

6. **Cuando utilice aceites esenciales y hierbas, debe estar familiarizado con sus efectos.** No todas las hierbas y aceites son seguros para todo el mundo, sobre todo en la piel, y solo hay que utilizar los recomendados para el baño. Si nota una reacción adversa, deje de usarlos en sus baños.

Baño para reforzar sus defensas psíquicas

Este es el baño adecuado para usted si se siente vulnerable a las influencias negativas y necesita fortalecerse para atraer energía positiva. Reforzará sus defensas psíquicas, ayudándole a protegerse de las energías negativas y a mantener sus chakras equilibrados y sanos. Utilice sal del Himalaya, conocida por su capacidad para disuadir la energía negativa, alejándola del cuerpo y de las toxinas causantes de la acumulación de energía negativa. Si dispone de esta opción, báñese junto a una ventana abierta en luna llena para que la luz de la luna le bendiga mientras se remoja.

Ingredientes:
- Agua bendita (o agua cargada de energía espiritual procedente de cristales, la luna, etc.)
- Aceites esenciales u otros aromas vegetales
- Velas
- Hierbas frescas o secas
- Incienso

- Cristales
- Sal del Himalaya
- Bolsitas de té
- Luz de luna (opcional)
- Música relajante (opcional)

Instrucciones:

1. Cree el ambiente adecuado en su cuarto de baño. Encienda varias velas alrededor de la bañera y apague las luces artificiales. Puede encender incienso y poner música relajante.
2. Piense en su intención. Piense en lo que quiere conseguir de este baño y en cómo puede ayudar a su mente y a su espíritu a mejorar sus defensas psíquicas. Concéntrese en su intención.
3. Llene la bañera con agua a la temperatura adecuada y añada los ingredientes limpiadores. Puede utilizar tantos o tan pocos como desee.
4. Cuando la bañera esté llena, sumérjase en el agua. Mientras disfruta del baño, céntrese en respirar profundamente. Sienta cómo el aire recorre su cuerpo.
5. Considere cómo se siente al respirar. Observe si alguna parte de su cuerpo está afectada por energías negativas. Visualice los efectos curativos del baño, limpiando esas zonas problemáticas. Si le ayuda, medite antes de profundizar en la visualización.
6. Sumerja la cabeza bajo el agua varias veces durante el baño. Cuando esté listo, salga de la bañera y séquese. Utilice un producto hidratante después del baño de limpieza.
7. Si solo ha utilizado ingredientes naturales en su baño, tome un poco de agua de la bañera y devuélvasela a la naturaleza. Agradézcale su ayuda para limpiarle de energías negativas. Puede verterla en su jardín o en macetas para sus plantas de interior.

Baño de agua salada para ahuyentar el mal de ojo

Los baños de agua salada tienen muchos beneficios. Pueden aliviar el estrés, el dolor y la fatiga, mejorar la circulación y limpiar el sistema de chakras. Se sabe que eliminan toxinas, exfolian el cuerpo, reducen la irritación de la piel y curan heridas leves. Un efecto menos conocido de los baños de sal es su capacidad para alejar el mal de ojo. Aunque la sal marina es la más eficaz para este fin, puede utilizar sal marina gruesa si no dispone de ella. Es un método increíblemente sencillo y eficaz para asegurarse de que nunca le afectará esta maldición y esta mala intención.

Ingredientes:
- Sal marina gruesa o de roca
- Aceite esencial de lavanda o árbol del té
- Un balde
- Agua tibia

Instrucciones:
1. Vierta agua en un balde hasta la mitad. Añada la sal y unas gotas de aceites esenciales al agua. Remuévalo hasta que la sal se haya disuelto por completo.
2. Póngase de pie en la bañera y vierta lentamente el agua salada sobre su cuerpo, de la cabeza a los pies. Evite que el agua le entre en los ojos. Sienta cómo le limpia de energías negativas.
3. Cuando haya terminado con el baño de sal, lávese el pelo y el cuerpo con jabón natural y champú. La sal puede resecar su piel y cabello, por lo que debe reponer los nutrientes y la humedad inmediatamente después del baño.
4. Puede repetir el baño de 2 a 3 veces a la semana, dependiendo de la fuerza que necesite su defensa contra el mal de ojo.

Baño ritual equilibrante de los chakras

Equilibrar las energías de sus chakras es crucial para alcanzar una salud espiritual óptima. Puede equilibrar su baño de chakras y mejorar sus capacidades de flujo de energía con un baño de chakras personalizado. Utilice cristales, aceites y hierbas asociados con el chakra que desea equilibrar. Se recomienda centrarse en equilibrar un chakra cada vez.

Ingredientes:
- Piedras asociadas a un chakra específico
- Hierbas asociadas a diferentes chakras
- De 8 a 10 gotas de aceites esenciales asociados a un chakra específico
- 1 taza de sal de Epsom o del Himalaya

- Velas
- Bombillas de colores (opcional)
- Música para relajarse (opcional)

Instrucciones:

1. Limpie sus cristales antes de colocarlos en el borde de la bañera. Límpielos sahumandolos, poniéndolos en un cuenco con sal o dejándolos fuera de su ventana en luna llena.
2. Si utiliza hierbas secas, prepare primero un té fuerte con ellas.
3. Cuando estén listas, prepare el baño. Si las piedras son pequeñas, métalas en una bolsita al colocarlas en el borde de la bañera para no perderlas.
4. Coloque velas alrededor de la bañera y enciéndalas. Ponga música relajante si le ayuda a calmarse para poder concentrarse en su intención de limpieza.
5. Añada los aceites, la sal y las infusiones al agua y revuelva para mezclarlos. Cuando todo esté homogéneo, sumérjase y disfrute del baño.

Baño contra el dolor

El dolor y la fatiga constantes afectan negativamente a los chakras y al equilibrio espiritual. Puede restablecer su equilibrio energético y mejorar su salud en general con un baño diseñado para hacer desaparecer sus dolencias.

Ingredientes:

- Aceites esenciales de manzanilla, lavanda y romero funcionan mejor
- Hierbas secas en bolsitas de infusión o hierbas frescas
- Miel
- Leche de avena
- Arroz
- Sal del mar muerto
- Exfoliante para el cuerpo y la cara

Instrucciones:

1. Llene la bañera. Ajuste la temperatura del agua a su gusto. Mientras la bañera se llena, prepare el resto de los ingredientes.

2. Mezcle de 10 a 20 gotas de aceite esencial y el resto de los ingredientes en un bol mediano. Distribuya los ingredientes según sus preferencias, pero debe crear una mezcla homogénea.
3. Añada la mezcla a su bañera y remueva el agua para que se reparta uniformemente. Sumérjase y disfrute del baño durante al menos 20 minutos.
4. Antes de salir, aplíquese un exfoliante en el cuerpo y la cara para limpiar la piel en profundidad y activar un flujo saludable de energía positiva en el cuerpo, la mente y el alma.

Baño rejuvenecedor

No hay nada mejor que sentirse renovado después de un baño espiritual. Este baño le hará sentirse espiritualmente limpio, rejuvenecido y listo para afrontar cualquier reto. Utilice un ingrediente especial, el vino. Esta bebida está repleta de polifenoles, que son potentes antioxidantes. Para relajarse de verdad mientras toma este baño, puede beber un vaso de vino mientras se sumerge.

Ingredientes:
- Aceites esenciales: Naranja, limón, sándalo y mirra son los mejores
- 1 vaso de vino, más otro para beber
- Corteza de limón y naranja
- Canela en rama
- Romero fresco
- Rosas secas
- Zumo de pomelo
- Orégano

Instrucciones:
1. Llene la bañera de agua y ajuste la temperatura a su gusto. Prepare los demás ingredientes mientras espera a que se llene la bañera.
2. Añada todo al agua (excepto el vino que va a beber) y remueva para mezclar. Si utiliza hierbas secas sueltas, póngalas en una bolsita de té reutilizable o en una estopilla para evitar que se obstruya el desagüe.

3. Después de remojarse durante 20 o 25 minutos, realice una buena exfoliación para potenciar aún más la limpieza desde dentro hacia fuera. El masaje potenciará las propiedades depurativas de las flores y los antioxidantes.
4. Una vez haya terminado, séquese al aire o dese suaves golpecitos con una toalla. No olvide hidratarse después del baño para nutrir la piel y sellar todas las energías positivas que ha absorbido del agua.

Un baño espiritual para mejorar el flujo de energía

Este baño espiritual está diseñado para impulsar el flujo de energía a través de todo el sistema de chakras. Le limpiará de energías negativas y restaurará su salud física, mental y espiritual. Se trata de un enfoque combinado de relajación y estimulación de la circulación, que permite un mejor flujo de energía.

Ingredientes:
- Aceites esenciales de manzanilla, enebro, lavanda, ciprés y limón son los mejores
- Sal del mar muerto
- Un gel neutro
- Miel
- Exfoliante

Instrucciones:
1. Llene la bañera y ajuste la temperatura del agua a su gusto. Lo ideal es que la temperatura esté entre los 84,2 y 100,4 grados Fahrenheit.
2. Añada los aceites esenciales a la bañera, seguidos del gel, la miel y la sal marina. Ajuste las cantidades a su gusto.
3. Dedique al menos 20 minutos a remojarse y relajarse. Antes de salir, haga una exfoliación completa, masajeando su cuerpo. Esto es clave para mejorar la circulación sanguínea, linfática y energética.
4. Tras salir del baño, seque su cuerpo al aire. Una vez seco, apliquese un aceite nutritivo para sellar los efectos limpiadores de las hierbas.

Baño para desbloquear los chakras

Un baño agradable y relajante puede hacer maravillas para eliminar las obstrucciones de los chakras. Se restablece un flujo de energía saludable y el equilibrio en su cuerpo, mente y espíritu. Para obtener los mejores efectos, se recomienda tomar este baño estrictamente con fines de relajación. Tome una ducha rápida de antemano si necesita limpiarse, para que pueda concentrarse en su intención de deshacerse de los bloqueos de los chakras.

Ingredientes:
- Sal marina del Himalaya
- Flores de colores, se pueden utilizar secas o frescas
- Velas
- Aceites esenciales
- Incienso (opcional)
- Material de meditación (sonidos, música, guías, etc. Opcional)

Instrucciones:
1. Despeje la bañera. Necesita una bañera limpia y sin distracciones.
2. Llene la bañera de agua. Ajuste la temperatura del agua a su gusto.
3. Mientras la bañera se llena, establezca una intención. Por ejemplo, puede desear limpiar todos los chakras, o uno, o dos chakras bloqueados que le causen problemas.
4. Encienda las velas. Si lo prefiere, también puede quemar incienso. Prepare el material de meditación, si lo hay.
5. Añada los aceites, la sal y las flores al agua y remueva. Al elegir las flores, utilice el color correspondiente al chakra o chakras.
6. Métase en la bañera y pase de 20 a 30 minutos en remojo. Pase este tiempo en silencio, escuche una meditación guiada o música, o haga cualquier cosa que le ayude a relajarse en la bañera.

Disfrute rejuveneciendo y estimulando su cuerpo, mente y alma eliminando la energía negativa de sus chakras con estos baños espirituales.

Capítulo 9: Purificación y protección con cristales

¿Alguna vez ha sentido como si la energía negativa le agobiara y no pudiera quitársela de encima? O tal vez se haya encontrado en situaciones que le han hecho sentirse vulnerable y desprotegido. Hay varios métodos a considerar para la limpieza y la protección, pero ¿ha considerado alguna vez el poder de los cristales y las piedras? ¿Alguna vez ha sostenido un cristal o una piedra y ha sentido que le invadía una sensación de calma o energía? Tal vez los haya visto en una tienda o en internet y se haya preguntado para qué sirven, más allá de ser un bonito accesorio. Los cristales y las piedras se han utilizado durante siglos por sus propiedades espirituales y curativas, y pueden ser una gran herramienta adicional para sus métodos de limpieza y protección. Cada cristal es portador de una energía única y puede ayudar a alejar la energía negativa, absorberla o transformarla en algo positivo.

Los cristales son herramientas poderosas para limpiar su espíritu
https://www.pexels.com/photo/close-up-of-crystals-6766451/

En los últimos años, los cristales y las piedras han ganado popularidad por su capacidad para ayudar en la limpieza y la protección. A medida que la vida se vuelve más acelerada y el entorno más caótico, la gente busca formas de mantener el equilibrio y la armonía. Los cristales pueden ayudar a conseguir este equilibrio. Este capítulo explora el mundo de los cristales y las piedras para la purificación y la protección, desde la amatista hasta la turmalina negra. Cada cristal es portador de una energía única y puede ayudarle en su viaje hacia la paz interior y a protegerse de la energía negativa. Por eso, profundiza en los significados espirituales de cada cristal y en cómo pueden beneficiarle en su vida diaria. Con los cristales adecuados, puede crear un escudo protector a su alrededor o purificar su energía para atraer la positividad y la abundancia.

Cristales para purificación

Los cristales pueden ser increíblemente útiles para la purificación, que implica limpiar la energía negativa y restaurar el equilibrio en su vida. Estos son algunos de los cristales más populares para la purificación y sus significados espirituales:

1. Amatista

La amatista es un hermoso cristal de vibrante color púrpura, conocido por su poderosa energía y su capacidad para promover la paz y la calma. Se ha utilizado durante siglos como herramienta para el crecimiento espiritual, la curación y la purificación. A menudo se utiliza para transformar la energía negativa en positiva, lo que la convierte en una poderosa herramienta de purificación. La amatista se utiliza a menudo para calmar la mente, promover la claridad y ayudar al crecimiento espiritual. Este hermoso cristal se asocia con el chakra de la coronilla, el centro de energía situado en la parte superior de la cabeza. Este chakra se asocia con la conexión espiritual, la iluminación y la integración de la mente y el cuerpo. Una de las formas más comunes de utilizar la amatista es llevarla en forma de joya o de pequeña piedra en el bolsillo. Llevarla consigo le permite beneficiarse de la energía del cristal durante todo el día. Puede colocar la amatista en su casa o en su lugar de trabajo para promover una energía de paz y tranquilidad.

2. Cuarzo transparente

El cuarzo transparente es uno de los cristales más versátiles y populares que existen. Su aspecto claro y translúcido lo hace conocido por amplificar y magnificar la energía, lo que lo convierte en una poderosa herramienta para el crecimiento y la transformación espirituales. El cuarzo transparente se utiliza desde hace mucho tiempo para purificar y limpiar la energía. A menudo se le llama el "maestro sanador" debido a su capacidad para amplificar la energía de otros cristales, eliminar la energía negativa y promover la positividad. El cuarzo transparente se asocia con el chakra de la coronilla, que potencia la conexión espiritual, la iluminación y la conciencia superior. Puede ayudar a equilibrar y armonizar los chakras, favoreciendo el equilibrio y el bienestar general. El cuarzo transparente puede utilizarse de muchas maneras para promover el crecimiento espiritual y la purificación. Una forma común es colocar el cuarzo en una habitación para promover la claridad y la positividad. Puede utilizarse en meditación para mejorar la intuición y promover la paz interior. El cuarzo transparente se utiliza en prácticas de sanación energética, como el reiki, para ayudar a equilibrar y armonizar los chakras y promover el bienestar general.

3. Cuarzo rosa

El cuarzo rosa es un cristal hermoso y suave conocido por su capacidad para promover el amor, la compasión y la curación emocional. Su suave color rosado se asocia con el chakra del corazón, el centro de energía situado en el pecho. Este chakra se asocia con el equilibrio emocional, el amor y la conexión. El propósito del cuarzo rosa es promover la curación emocional, fomentar el amor propio y la compasión. Puede ayudar a liberar emociones negativas y sustituirlas por amor y positividad. Se cree que el cuarzo rosa tiene un efecto calmante sobre la mente y el cuerpo, reduciendo el estrés y fomentando la paz interior. Una de las formas más comunes de utilizar el cuarzo rosa es colocarlo cerca de la cama o bajo la almohada para favorecer un sueño tranquilo y reparador. A menudo se utiliza en meditación para promover la curación emocional y el amor propio. Sostener un trozo de cuarzo rosa en la mano durante la meditación puede ayudar a conectar con su energía y fomentar el amor y la compasión.

4. Selenita

La selenita es un cristal verdaderamente único que se distingue de otros cristales purificadores por sus propiedades distintivas. Una de las propiedades más notables de la selenita es su capacidad para limpiar y purificar no solo otros cristales, sino también espacios y entornos. Se cree que la selenita tiene el poder de eliminar la energía negativa, los bloqueos y la energía estancada del aura y del entorno, dejando ligereza y claridad. A diferencia de otros cristales, la selenita no necesita limpiarse ni cargarse. Es conocida por sus propiedades de autolimpieza y se cree que purifica y recarga otros cristales cercanos. Puede ayudar a despejar la niebla mental y promover la claridad mental, por lo que es una excelente opción para aquellos que buscan una mayor concentración y perspicacia. La selenita es un cristal de alta vibración que puede ayudar a conectar con reinos superiores de conciencia y crecimiento espiritual. Se asocia con el chakra de la coronilla y favorece el despertar espiritual y la meditación profunda. La selenita ayuda a potenciar las capacidades psíquicas y la intuición, por lo que es una elección popular entre los interesados en el desarrollo espiritual y la adivinación.

5. Cornalina

La cornalina es un hermoso cristal apreciado desde hace siglos por sus propiedades únicas. Se cree que tiene poderosas propiedades de limpieza, en particular con el chakra sacro. Este centro de energía está situado justo debajo del ombligo y se asocia con la creatividad, la pasión y el placer. Además de su capacidad para purificar y limpiar el chakra sacro, la cornalina se asocia con otras propiedades. Fomenta la vitalidad, el valor y la motivación, lo que la convierte en una excelente elección para quienes buscan pasar a la acción y hacer cambios positivos en la vida. Una de las particularidades de la cornalina es su capacidad para eliminar los bloqueos creativos y fomentar la inspiración y la pasión. Ayuda a abrir el flujo de energía creativa, permitiendo una mayor expresión y una conexión más profunda con el yo creativo. La cornalina puede utilizarse de muchas maneras para promover la purificación y la limpieza. Algunas personas llevan la cornalina como joya, en forma de collar o pulsera, para mantenerla cerca y potenciar sus propiedades únicas a lo largo del día. Otros colocan la cornalina en un cuenco de agua para crear un elixir que se ingiere por sus propiedades únicas.

6. Celestita

La celestita es un impresionante cristal venerado desde hace mucho tiempo por sus propiedades únicas. Se cree que tiene poderosas habilidades de limpieza, en particular para el chakra de la garganta. Este centro de energía se asocia con la comunicación y la autoexpresión, y la celestita puede ayudar a eliminar obstrucciones y promover una comunicación clara. Además de sus propiedades limpiadoras, la celestita favorece la calma y la tranquilidad. Se asocia con los chakras superiores, en particular con el tercer ojo y el chakra de la coronilla, relacionados con la intuición y la conexión espiritual. Mucha gente utiliza la celestita en meditación o prácticas espirituales para promover la armonía interior y la conexión con lo divino. Ayuda a eliminar la energía negativa y a promover el bienestar, por lo que es una excelente elección para quienes buscan promover la purificación y limpieza general. Puede utilizarla en una rejilla de cristales o colocarla en su chakra durante la meditación para potenciar sus propiedades únicas en todo el cuerpo.

Combinaciones de cristales

Hay varias combinaciones que funcionan especialmente bien cuando se utilizan cristales con fines de purificación y limpieza. Estas combinaciones suelen elegirse en función de las propiedades específicas del cristal y de cómo se complementan y potencian entre sí. Algunos ejemplos son:

- **Amatista y cuarzo transparente:** La amatista favorece el crecimiento espiritual y elimina la energía negativa. El cuarzo claro amplifica la energía de los otros cristales y favorece la claridad y la concentración. Juntos, estos dos cristales pueden ayudar a eliminar la energía negativa y promover la paz interior y la claridad.

- **Cornalina y citrino:** La cornalina se asocia con la creatividad y la vitalidad, mientras que el citrino transforma la energía negativa en positividad y abundancia. Juntos, estos dos cristales pueden ayudar a eliminar la energía negativa y fomentar la creatividad y la abundancia.
- **Selenita y cuarzo rosa:** La selenita se asocia con la limpieza y la claridad, mientras que el cuarzo rosa promueve el amor y la compasión. Juntos, estos dos cristales pueden ayudar a eliminar la energía negativa y fomentar el equilibrio emocional y el bienestar.
- **Citrino y pirita:** El citrino es conocido por atraer la abundancia y fomentar la positividad, mientras que la pirita potencia la manifestación y promueve el éxito. Juntos, estos dos cristales pueden ayudarle a amplificar su energía de manifestación y a hacer realidad sus objetivos y deseos.
- **Cuarzo y selenita:** El cuarzo claro amplifica la energía y promueve la claridad, mientras que la selenita limpia y purifica la energía. Cuando se combinan, estos cristales ayudan a limpiar y purificar su campo de energía, dejándole una sensación de frescura y revitalización.

Cristales para la protección

Utilizar cristales para protegerse presenta una amplia gama de opciones. Cada cristal posee una energía distintiva y propiedades únicas, que ayudan a crear un escudo protector alrededor del portador. Algunos cristales son excelentes para proteger contra la energía negativa, mientras que otros ofrecen protección física contra el daño.

1. Turmalina negra

La turmalina negra es un poderoso cristal con propiedades que la convierten en una excelente elección para la protección. Repele la energía negativa y proporciona conexión a tierra y estabilidad a quien la lleva. Este cristal es conocido por su protección contra ataques psíquicos, entidades negativas y otras energías dañinas del entorno. Incorporar la turmalina negra a su vida para protegerse puede hacerse de varias maneras. Una de ellas es llevarla como joya, en forma de colgante, pulsera o pendientes, lo que le permitirá llevar sus propiedades protectoras dondequiera que vaya. Puede colocar turmalina negra alrededor de su casa o lugar de trabajo para crear una barrera protectora contra la energía negativa.

Cuando se utiliza la turmalina negra como protección, es importante mantenerla limpia y cargada. Colocarla a la luz del sol, o de la luna, o limpiarla con salvia, u otras hierbas limpiadoras ayuda a eliminar la energía negativa absorbida y a restaurar sus propiedades protectoras. La turmalina negra es especialmente eficaz cuando se utiliza en combinación con otros cristales protectores. Por ejemplo, combinándola con cuarzo ahumado puede crear un poderoso escudo contra la energía negativa. Se puede utilizar con cuarzo transparente para amplificar sus propiedades protectoras y crear una barrera protectora aún más fuerte.

2. Citrino

El citrino es un cristal cálido y vibrante que se asocia a menudo con la prosperidad y la abundancia. Sin embargo, tiene potentes propiedades protectoras, por lo que es una excelente adición a su caja de herramientas de protección. Este cristal es conocido por transmutar la energía negativa en positiva, ayudando a crear un escudo de positividad alrededor de quien lo lleva. Una de las propiedades únicas del citrino es que favorece la claridad mental y la concentración. Resulta especialmente útil en situaciones estresantes o difíciles, ya que calma la mente y reduce la ansiedad o el agobio.

Incorporar el citrino a su vida como protección puede hacerse de varias maneras. Una de las formas más eficaces es llevarlo con usted como talismán o amuleto. Le permitirá acceder siempre a su energía protectora, esté donde esté. El citrino puede colocarse alrededor de la casa o el lugar de trabajo para crear una barrera protectora contra la energía negativa. Cuando se utiliza el citrino como protección, es esencial mantenerlo limpio y cargado. Colóquelo a la luz del sol o de la luna, o úntelo con salvia u otras hierbas limpiadoras. El citrino puede utilizarse con otros cristales protectores para aumentar su eficacia.

3. Jade negro

El jade negro es un poderoso cristal conocido por protegerle de las personas negativas y de las energías que manifiestan. Este cristal le permite acceder a su intuición y protegerse de las energías y situaciones negativas. A la gente a menudo le resulta difícil localizar la fuente de la negatividad, el jade negro es eficaz para este propósito. Puede ayudarle a encontrar la raíz de la negatividad y protegerle a usted y a sus seres queridos. El cristal de jade negro refuerza la conexión con la intuición y aumenta la conciencia. Este cristal puede ayudarle a tomar decisiones para su mayor bienestar y a navegar por la vida con confianza y claridad. Llévelo consigo para aprovechar al máximo la energía del jade negro y proteger su energía de la negatividad. Resulta especialmente útil cuando viaja o se embarca en nuevas aventuras, ya que las distintas energías con las que se encuentra pueden ser desconocidas y potencialmente desafiantes. Para utilizar este cristal en un ritual de protección, colóquelo en la mano y establezca su intención. Guárdelo en el bolsillo o llévelo como collar cuando haya fijado la intención. Ya sea que lo lleve como joya o en el bolsillo, el jade negro le recordará su fuerza interior y su resistencia, y le ayudará a afrontar los retos de la vida con gracia y valentía.

4. Hematita

La hematita es un cristal protector con una energía de conexión a tierra única que ayuda a proteger a su portador de las influencias negativas. Este mineral es conocido por su brillo metálico y su profundo color negro, que le confieren una presencia fuerte y poderosa. El propósito de la hematita como cristal protector es crear una barrera entre el portador y las energías negativas externas e internas. Ayuda a mantener los pies en la tierra y el centro, algo esencial para mantener un aura fuerte y protectora. La hematita se ha utilizado durante siglos por sus propiedades protectoras y de conexión a tierra, lo que la convierte en una elección popular para las prácticas espirituales y curativas. Incorporarla a la vida diaria puede ser tan sencillo como llevarla en el bolsillo o como joya. Meditar con hematita es una forma poderosa de conectar con su energía y fortalecer el aura.

5. Labradorita

La labradorita es un cristal místico y protector con un fascinante juego de colores iridiscentes que atrapan la luz y brillan como por arte de magia. Su energía única es conocida por alejar la energía negativa y proteger a su portador de cualquier daño. El propósito de la labradorita como cristal protector es ayudar a proteger a su portador de las energías no deseadas que intentan penetrar en su aura. Sus cautivadores colores calman la mente, facilitando el mantenimiento de una mentalidad positiva y protectora. La labradorita potencia la intuición y las capacidades psíquicas, lo que la convierte en una elección popular para las prácticas espirituales.

Incorporar la labradorita a su vida diaria puede ser tan sencillo como llevarla consigo como talismán protector o lucirla como joya. Su energía se potencia sosteniéndola durante la meditación o colocándola sobre el chakra del tercer ojo durante una sesión de sanación. Una de las propiedades únicas de la labradorita es su capacidad para proteger y equilibrar el aura, lo que resulta especialmente beneficioso para los empáticos o las personas sensibles que se dejan influir fácilmente por las energías de los demás. Puede utilizarse con otros cristales protectores para crear un poderoso escudo energético.

6. Ojo de gato

El ojo de gato es un fascinante cristal protector muy apreciado por su capacidad única para alejar el mal y los peligros invisibles. Su nombre se debe a la banda de luz que atraviesa el centro de la piedra y que se asemeja al ojo de un gato. El propósito del ojo de gato como cristal protector es proporcionar seguridad a su portador, especialmente en momentos de incertidumbre o cambio. Su energía ayuda a liberar el miedo y la ansiedad, lo que permite tener más valor y fuerza en situaciones difíciles. Es una poderosa herramienta para disipar la energía negativa y proteger contra los ataques psíquicos.

Incorporar el ojo de gato a su vida para protegerse puede ser tan sencillo como llevarlo en el bolsillo o lucirlo como joya. Como todos los cristales, es importante limpiar y cargar el ojo de gato con regularidad para mantener sus propiedades protectoras, difuminándolo con salvia, colocándolo a la luz de la luna llena o utilizando otros métodos de limpieza preferidos.

7. Shungita

La shungita es un cristal poderoso y único al que se atribuyen propiedades protectoras excepcionales. Esta piedra oscura, casi negra, está compuesta por moléculas de carbono llamadas fullerenos, conocidas por su capacidad para neutralizar sustancias nocivas y radiaciones electromagnéticas. Como resultado, la piedra de shungita crea un escudo protector contra la energía negativa emitida por la tecnología y los dispositivos modernos. Además de sus cualidades protectoras, la shungita tiene un efecto estabilizador y de conexión a tierra. Ayuda al equilibrio emocional y favorece la calma y la relajación, lo que la convierte en una elección popular para la protección contra el estrés y la ansiedad y las prácticas espirituales que requieren una mente clara y centrada.

La piedra de shungita se puede utilizar de varias formas como protección. A menudo se lleva en forma de joyas, como colgantes o pulseras, o se coloca en el entorno en forma de pirámides o esferas. Se utiliza para crear agua de shungita, a la que se atribuyen poderosas propiedades curativas y protectoras.

Combinaciones de cristales

Elegir piedras que complementen sus propiedades y energías es esencial a la hora de combinar cristales. He aquí algunas combinaciones de cristales que funcionan bien juntas para la protección:

- **Turmalina negra y cuarzo transparente**: La turmalina negra es una piedra excelente para la protección contra la energía negativa, mientras que el cuarzo claro ayuda a amplificar su energía y potencia sus cualidades protectoras.
- **Hematita y jaspe rojo:** La hematita proporciona conexión a tierra y protección, mientras que el jaspe rojo potencia el valor y la fuerza, lo que la convierte en una poderosa combinación para la protección contra el daño físico.
- **Shungita y pirita**: La piedra de shungita es conocida por neutralizar la energía negativa, mientras que la pirita es una piedra protectora que aleja la negatividad y el peligro.
- **Citrino y ojo de tigre:** El citrino absorbe la energía negativa y la transforma en positiva, mientras que el ojo de tigre fomenta el valor, la fuerza y la protección.

Mientras explora el mundo de los cristales para la purificación y la protección, recuerde que son herramientas para apoyar sus intenciones y su trabajo interior. Los cristales pueden ayudar a crear un entorno armonioso y protegerle de las energías negativas, pero no son un sustituto de la responsabilidad personal y el autoconocimiento. Tómese su tiempo para conectar con cada cristal, conocer sus propiedades únicas y encontrar los que más resuenen con usted. Experimente con distintas combinaciones de cristales, medite con ellos e incorpórelos a su rutina diaria. Recuerde, los cristales son poderosos aliados y, con un poco de intención, pueden ayudarle a crear una vida más equilibrada, pacífica y protegida.

En este capítulo solo se han mencionado algunos cristales para la purificación y la protección. Investigue en internet o infórmese en sus tiendas locales y descubra la gran disponibilidad de cristales.

Capítulo 10: Limpieza y protección de sus seres queridos

En su viaje por la vida, encontrará muchos obstáculos y desafíos que le harán sentirse espiritualmente agotado y vulnerable. Afortunadamente, tiene a su disposición varias herramientas y técnicas que le ayudarán a limpiarse y protegerse de la energía negativa. Pero, ¿qué ocurre con las personas que le importan? Sus seres queridos son tan susceptibles como usted a la energía negativa y a los ataques espirituales. En un mundo a menudo caótico e impredecible, es natural querer proteger a sus seres queridos del daño y de la energía negativa. Este capítulo explora formas de extender la protección que ha aprendido hasta su familia y amigos para que puedan sentirse espiritualmente seguros y protegidos.

Puede aplicar los métodos de los capítulos anteriores para proteger a los demás de las energías negativas, solo tiene que modificar las técnicas para adaptarlas, ya sea un baño para sus mascotas o niños o una sesión de meditación para ayudarles a encontrar paz y seguridad. Las técnicas de este capítulo tienen sus raíces en la sabiduría ancestral y han sido utilizadas por culturas de todo el mundo durante siglos. Incorporándolas a su vida diaria, cultivará la paz y la seguridad para usted y sus seres queridos, independientemente de los retos que surjan. Estos métodos proporcionan formas únicas y poderosas de mantener a sus seres queridos seguros y espiritualmente sanos, incluso cuando usted no está físicamente con ellos.

Meditación

La meditación es una forma poderosa de conectar con lo divino y liberar la energía negativa. Con unas pocas modificaciones, puede utilizar esta técnica para proporcionar protección espiritual y limpieza a sus seres queridos. Esta meditación ayuda a crear un campo de energía protector alrededor de sus seres queridos y promueve la paz y la positividad.

- Busque un lugar tranquilo y cómodo donde no le molesten. Puede sentarse o recostarse, lo que le resulte más cómodo. Siga estos pasos:
- Cierre los ojos y respire profundamente unas cuantas veces para relajar la mente y el cuerpo. Visualice a su ser querido frente a usted, rodeado de una hermosa luz blanca. Esta luz representa su pureza espiritual y su protección.
- Mientras visualiza la luz rodeando a su ser querido, imagine que la energía o las emociones negativas abandonan su cuerpo y son absorbidas por la luz. Observe cómo la luz se hace más fuerte y brillante con cada respiración, limpiando y protegiendo a su ser querido.
- A continuación, tómese un momento para concentrarse en afirmaciones positivas. Repita las siguientes frases en silencio o en voz alta, lo que le resulte más cómodo:
  - *"Mi ser querido está seguro y protegido en todo momento"*
  - *"La energía negativa no tiene poder sobre mi ser querido"*
  - *"Mi ser querido está rodeado de amor y positividad"*
  - *"Mi ser querido está lleno de luz y positividad"*
  - *"Irradio energía positiva y amor a mi ser querido, fortaleciendo su aura y protegiéndolo de la negatividad"*
- Respire profundamente unas cuantas veces y continúe visualizando la crisálida protectora de luz que rodea a su ser querido. Envíele energía positiva y amor, y sepa que está protegido y seguro.
- Cuando esté listo para terminar la meditación, respire profundamente unas cuantas veces y vuelva lentamente al momento presente. Tómese un momento para conectarse a

tierra y liberar la energía negativa restante.
- Con esta técnica de meditación, proporciona protección espiritual y limpieza a sus seres queridos. Es una forma sencilla pero poderosa de promover la paz, la positividad y la seguridad.

Ritual de las velas

Los rituales con velas se han utilizado durante siglos para promover la limpieza espiritual y la protección. Lo mejor es que pueden realizarse en persona o a distancia, lo que los hace versátiles para fomentar la energía positiva y alejar la negatividad de sus seres queridos. Elija una vela blanca o negra para la limpieza y la protección. El blanco representa la pureza y la energía positiva, mientras que el negro representa la conexión a tierra y la protección. Puede utilizar velas de distintos colores en función de la intención del ritual. Siga estos pasos:

- Si realiza el ritual en persona, busque un lugar tranquilo y cómodo donde no le molesten. Siéntese o póngase de pie frente a su ser querido, sosteniendo la vela en la mano. Encienda la vela y visualice a su ser querido si está realizando el ritual a distancia.
- Encienda la vela e imagine que la llama representa el poder de la limpieza y la protección espirituales. Acerque la vela a su ser querido e imagine que la luz y la energía de la llama fluyen por su cuerpo y limpian la energía negativa.
- Si realiza el ritual desde lejos, imagine que la luz y la energía de la vela llegan a su ser querido y limpian la energía negativa.
- A continuación, puede incorporar afirmaciones positivas para reforzar la energía protectora del ritual. Repita las siguientes frases en silencio o en voz alta:
    - *"Invoco el poder de esta vela para limpiar y proteger la energía de mi ser querido".*
    - *"Mi ser querido está rodeado por un escudo de energía positiva que lo protege de las influencias negativas".*
    - *"Toda la energía negativa es liberada del cuerpo y la mente de mi ser querido y reemplazada por energía positiva".*
    - *"Envío amor y positividad a mi ser querido, promoviendo un campo de energía saludable y vibrante".*

Deje que la vela arda todo el tiempo que desee, centrándose en el intercambio de energía positiva entre usted y su ser querido. Cuando esté listo para terminar el ritual, respire profundamente unas cuantas veces y libere lentamente la energía negativa restante.

Al utilizar velas para limpiar y proteger, fomenta el bienestar espiritual y proporciona protección continua a sus seres queridos.

Protección de los cristales

Los cristales pueden proteger de muchas maneras, como creando una barrera protectora alrededor de sus seres queridos, mejorando su campo de energía personal y promoviendo la seguridad y la protección. Como ya hemos dicho, algunos de los mejores cristales para la protección son la turmalina negra, la amatista y el cuarzo transparente. Siga estos pasos para utilizar cristales para proteger a sus seres queridos:

- Elija un cristal que resuene con la energía y la intención de su ser querido. Dependiendo de lo que le apetezca, puede utilizar uno o varios cristales.
- Sostenga el cristal en la mano y establezca su intención de protección. Visualice un escudo protector alrededor de su ser querido o de su espacio.
- Coloque el cristal en un lugar donde su ser querido pase la mayor parte del tiempo, como su dormitorio, sala de estar u oficina.
- Recuérdele que conecte con la energía y la intención del cristal siempre que necesite protección.

Además de proteger y limpiar, los cristales pueden ayudar a sus seres queridos de muchas otras maneras. He aquí algunas ideas:

- **Meditación**: Anime a su ser querido a sostener un cristal mientras medita para mejorar la conexión con su yo interior.
- **Joyería:** Regalar a su ser querido un collar, una pulsera o unos pendientes de cristal puede aportarle la energía del cristal durante todo el día.
- **Rejillas:** Puede crear una rejilla de cristales colocando varios cristales en un patrón específico para manifestar una intención concreta, como la curación, la abundancia o el amor.
- **El baño:** Añada cristales al baño de su ser querido para favorecer la relajación y la limpieza.

Sahumerio

El sahumerio es una forma poderosa de proteger y limpiar la energía de sus seres queridos, pero puede hacerlo aún más personalizado, creando un sahumerio especial para ellos. Siga estos pasos:

- Reúna una variedad de hierbas y flores que resuenen con la energía y las intenciones de su ser querido. Puede incluir salvia, romero, lavanda, pétalos de rosa u otras hierbas o flores que tengan un significado especial para ellos. Necesitará cuerda o cordel natural para atar el manojo.

- A continuación, tómese un momento para establecer su intención para el paquete de sahumerios. Visualice a su ser querido e imagínelo rodeado de un escudo protector de energía positiva. Puede incluir afirmaciones positivas, como *"que este sahumerio proteja y limpie la energía de mi ser querido"*.

- Una vez que haya establecido su intención, arme el manojo para sahumar. Tome cada hierba o flor y colóquela en un montón, manteniendo en su mente la intención para su ser querido. Cuando tenga todas las hierbas y flores juntas, envuélvalas en hilo natural o cordel, atándolas firmemente para crear un manojo compacto.

- Para utilizar el sahumerio, encienda un extremo y déjelo arder. Puede utilizar un cuenco o una concha resistente al calor para recoger las cenizas. Mueva el fajo alrededor del cuerpo de su ser querido, avivando el humo con la mano o con una pluma.

- Cuando haya terminado, apague el sahumerio presionándolo contra el cuenco o la concha refractaria.

Baños espirituales

Los baños espirituales son una forma poderosa de proteger y limpiar la energía de sus seres queridos, pero es importante elegir ingredientes seguros para la piel sensible. Antes de utilizar nuevos ingredientes, siempre es mejor hacer una prueba en una pequeña zona de la piel para asegurarse de que no se producen reacciones adversas.

- Llene una bañera o un recipiente grande con agua tibia y añada hierbas como lavanda, manzanilla o caléndula para un baño calmante y relajante, o romero y menta para un baño

energizante y estimulante. Puede añadir sales de Epsom o bicarbonato de sodio para una limpieza extra.
- Para las mascotas, es importante elegir ingredientes seguros para su piel y pelaje. Evite utilizar aceites esenciales o ingredientes tóxicos para las mascotas, como el aceite de árbol de té. Elija ingredientes seguros y suaves, como la avena, el aloe vera o la manzanilla.
- En el caso de los niños, es esencial elegir ingredientes seguros para su delicada piel. Evite utilizar ingredientes como aceites esenciales fuertes que puedan causar irritación o reacciones alérgicas. Utilice ingredientes suaves y nutritivos como la avena, el aceite de coco o la lavanda.
- Una vez que haya añadido los ingredientes, invite a su mascota o a su hijo a entrar en la bañera. Mientras se sumergen en el agua, haga afirmaciones positivas que les ayuden a sentirse protegidos y limpios. Por ejemplo, puede decir: *"Que este baño proteja y limpie su energía, llenándole de paz y amor"*.
- Después del baño, seque suavemente a su mascota o a su hijo con una toalla suave y ofrézcale un abrazo reconfortante. Puede manchar la habitación con salvia o palo santo para ayudar a eliminar la energía negativa persistente.

Tarro de protección

Los tarros de protección son una forma sencilla y eficaz de ofrecer a sus seres queridos protección continua y energía positiva. He aquí cómo hacer uno:

Materiales:
- Tarro de cristal pequeño con tapa
- Sal o arena
- Hierbas y cristales para protección (sugerencias: turmalina negra, romero, salvia, hojas de laurel, canela, clavo o lavanda)
- Papel y bolígrafo
- Opcional: Cinta o cordel para decorar

Instrucciones:
1. Establezca su intención para el tarro de protección. Por ejemplo: *"Que este tarro de protección ofrezca protección continua y*

energía positiva a mis seres queridos, protegiéndolos del daño y la negatividad".

2. Llene el fondo del tarro con una capa de sal o arena. Así creará una base sobre la que se asentarán sus hierbas y cristales.
3. A continuación, añada las hierbas y los cristales. Elija elementos que resuenen con la intención de protección, como la turmalina negra para la conexión a tierra y la protección o el romero para la claridad y la protección.
4. Escriba su intención en un pequeño trozo de papel y dóblelo, colocándolo dentro del frasco encima de las hierbas y los cristales.
5. Cierre bien el tarro y decórelo con una cinta o cordel, si lo desea.
6. Coloque el tarro en un lugar seguro y visible, como en una estantería o en un rincón de la habitación de su ser querido. Puede llevarlo consigo para mayor protección.

Siempre que sus seres queridos necesiten protección adicional o energía positiva, puede sostener el tarro y visualizar la energía protectora que los rodea. Puede añadir o quitar hierbas y cristales para ajustar la energía del tarro.

Sanación con sal

La sal se utiliza desde hace mucho tiempo para la protección espiritual, para crear un escudo energético que repela las influencias negativas y para fomentar la seguridad y el bienestar. Puede utilizar la sal marina especial de varias formas u otras sales para proteger a sus seres queridos:

Materiales:
- Sal marina o de roca
- Bolsa pequeña de tela o tejido
- Cuerda o cinta

Instrucciones:
1. Establezca su intención para la protección con sal.
2. Coloque una pequeña cantidad de sal marina o sal de roca en una bolsa de tela o tejido.
3. Ate la bolsa para cerrarla con un trozo de cuerda o cinta, creando una pequeña bolsita.

4. Sujete la bolsita de sal entre las manos, concentrándose en su intención de protección.
5. Visualice un escudo de luz blanca que rodea a sus seres queridos, repeliendo la energía o las influencias negativas.
6. Coloque el saquito de sal en un lugar seguro, como una estantería o debajo de la cama.
7. Sostenga el saquito de sal en las manos cada vez que necesite renovar la protección y repita el proceso de visualización y establecimiento de intenciones.

Protección salina

La protección con sal puede ser una forma sencilla pero poderosa de crear un escudo energético alrededor de sus seres queridos, fomentando la seguridad y el bienestar. Renovar regularmente la protección ayuda a mantener su energía limpia y protegida. Otra forma de utilizar la protección salina puede incluir:

Materiales:
- Sal marina o sal de roca
- Hierbas protectoras de su elección (por ejemplo, romero, salvia, lavanda)
- Cuenco o plato pequeño
- La foto de su ser querido

Instrucciones:
1. Elija un espacio en el que vaya a crear el círculo de protección de sal. Puede ser el dormitorio de su ser querido, la sala de estar u otro lugar donde pase mucho tiempo.
2. Espolvoree una fina capa de sal alrededor del perímetro de la habitación para crear un círculo. Mientras lo hace, visualice una luz brillante y protectora que rodea la habitación y a su ser querido.
3. Espolvoree las hierbas protectoras en el cuenco o plato y coloque la foto de su ser querido en el centro.
4. Coloque el cuenco o plato en el centro del círculo de sal.
5. Cierre los ojos y visualice una energía fuerte y protectora que emana del cuenco o plato, envolviendo a su ser querido en una burbuja protectora.

6. Cuando esté preparado, abra los ojos y diga una afirmación positiva.
7. Deje el círculo de protección de sal en su lugar durante el tiempo que sea necesario. Puede renovar la sal y las hierbas cuando sea necesario.

Talismán de protección

Un talismán de protección es un regalo estupendo para alguien que necesita sentirse seguro y protegido. Puede crear un talismán utilizando cristales u otros objetos asociados a la protección, como turmalina negra, ónice o hematita.

Materiales:
- Un cristal o piedra asociada a la protección
- Cuerda o alambre
- Pequeña bolsa de tela
- Opcional: Hierbas o símbolos protectores adicionales

Instrucciones:
1. Elija un cristal o piedra que resuene con la protección, como la turmalina negra, el ónice o la hematita.
2. Ensarte el cristal en un trozo de cuerda o alambre, dejando espacio suficiente en los extremos para atar el talismán formando un lazo.
3. Si lo desea, puede añadir otras hierbas o símbolos protectores al talismán. Por ejemplo, puede incluir salvia seca, romero o un símbolo protector como un pentagrama.
4. Ate los extremos de la cuerda o alambre para crear un lazo.
5. Coloque el talismán en una bolsita o saquito de tela y entrégueselo a su ser querido.

Tanto si realiza un baño espiritual como si crea un tarro de protección, la intención que subyace a sus acciones las hace verdaderamente poderosas. Establecer sus intenciones y trabajar con las herramientas adecuadas crea seguridad y bienestar para los que más importan. Por supuesto, tener cuidado y tomar medidas de seguridad es esencial cuando se trabaja con ingredientes potencialmente peligrosos como el fuego y las hierbas. Pero con una cuidadosa investigación y atención, puede crear una forma hermosa y eficaz de proteger y limpiar a sus seres queridos.

Glosario de hierbas útiles

Albahaca

La albahaca es una de las hierbas más versátiles para la limpieza y la protección. Durante mucho tiempo se ha utilizado por sus conexiones espirituales, ya que muchas culturas, como la hindú, creen que aleja las malas energías y atrae la buena fortuna. Más allá de estas creencias, la albahaca es apreciada por sus propiedades medicinales. Ayuda a calmar inflamaciones, refuerza el sistema inmunológico y mejora la digestión. Además de sus poderes curativos físicos, mucha gente utiliza la albahaca en rituales antes de acostarse o durante reuniones para evocar paz, amor y alegría entre los presentes. Las posibilidades de utilizar la albahaca para mejorar la salud física y mental son infinitas. Añada aceites esenciales de albahaca a un baño caliente o cree un potente espray limpiador para rociar su espacio sagrado. Además, la albahaca es segura para niños y mascotas, lo que significa que es una gran adición a muchos hogares. En cuanto al sabor, la albahaca es una de las hierbas más populares, ya que añade un delicioso toque de sabor a cualquier plato.

Aloe vera

El aloe vera es una planta y una hierba curativa increíblemente versátil, con aplicaciones que van desde el cuidado de la piel y la cosmética hasta las prácticas espirituales. Puede utilizarse externamente para aliviar las quemaduras solares y mantener la piel hidratada, añadirse al agua del baño o hervirse en infusión. Incluso es lo bastante seguro para niños y mascotas, lo que lo convierte en un gran escudo protector natural contra los factores ambientales y las toxinas. El aloe vera aporta una capa extra de limpieza energética a toda la casa cuando se quema en el sitio, como en un ritual de purificación. También puede colocar una maceta de aloe vera a uno o ambos lados de la puerta de entrada para proteger su hogar. Su sabor también añade algo único a los condimentos de las comidas, incorpórelo a sus platos para experimentar una sensación de sabor.

Salvia

La salvia se ha considerado durante mucho tiempo una hierba sagrada y curativa, dotada de propiedades protectoras y purificadoras. Prácticamente, la salvia es una planta táctil. Puede quemarse o utilizarse en té de hierbas e infusiones, añadirse a los baños para una limpieza adicional o utilizarse como condimento. Es muy popular en los hogares. Se pueden tener pequeñas plantas de salvia por toda la casa para fomentar la felicidad, mantener alejadas las energías malignas y limpiar las vibraciones negativas. Además, para proteger a sus hijos y mascotas de las influencias negativas en el hogar (como algunos creen), coloque algunas plantas de salvia en macetas por toda la casa. Estas plantas no son tóxicas, lo que las convierte en una opción ideal para la protección del hogar. Por último, pero no por ello menos importante, la salvia sigue siendo una de las mejores opciones para prácticas espirituales, como los rituales de purificación, debido a sus supuestos poderes para liberar "energía positiva."

Menta

La menta es una de las hierbas y plantas curativas más versátiles. Se puede quemar, remojar en té o como condimento para comidas y bebidas, pero lo más importante es que tiene significados espirituales, lo que la convierte en una gran adición a los rituales de limpieza y protección. Muchos creen que tener menta en casa trae buena suerte. Se dice que añadir unas hojas de menta a una olla con agua y dejar que el aroma impregne el espacio aleja las malas vibraciones. Incluir hojas de menta machacadas en el baño ayuda a aliviar la relajación y el dolor muscular. El aceite esencial de menta puede aplicarse tópica o aromáticamente. Si lo suyo es preparar un té con menta fresca (valga el juego de palabras), le aportará importantes nutrientes y un significado espiritual. Por último, si tiene mascotas o niños pequeños, vigile las interacciones con las plantas de menta fresca, ya que es más probable que provoquen reacciones que las variedades secas. No importa cómo incorpore la menta a su vida por sus beneficios energéticos o físicos, puede disfrutar de sus efectos energizantes en cualquier época del año.

Vetiver

El vetiver, o *Chrysopogon zizanioides*, es una increíble hierba curativa con numerosos beneficios si se utiliza correctamente. Esta hierba aromática es originaria de la India y el sudeste asiático, y se valora desde hace mucho tiempo por sus numerosos beneficios espirituales, físicos y mentales. Como herramienta de limpieza, puede quemarse para obtener energía positiva y claridad. Se puede preparar en infusión para ayudar a la relajación y es una excelente opción para realizar hechizos y baños rituales. Supongamos que desea mantener su hogar a salvo de perturbaciones energéticas. En ese caso, añadir vetiver en una maceta o directamente en la tierra de cada rincón de su casa puede crear una protección profunda. Es importante utilizar el vetiver con niños o mascotas, teniendo especial cuidado y diluyendo el producto, ya que su aroma es fuerte, pero, por lo demás, es perfectamente seguro para todas las edades. Además, a muchos cocineros les gusta añadir raíz de vetiver molida como condimento por su sabor herbal único.

Lavanda

Desde la antigüedad, la hierba lavanda ha sido apreciada como una planta mágica que enriquece la vida de muchas maneras. Es conocida por su maravilloso aroma y sus propiedades curativas, por lo que resulta imposible ignorar los puntos fuertes de la lavanda. En la práctica, se puede utilizar para todo, desde la creación de aceites calmantes y limpiadores para la claridad mental hasta el uso popular de moda de las flores secas de lavanda en bolsitas. Se cree que ayuda en hechizos de protección y purificación y que puede traer buena suerte cuando se añade a amuletos o se lleva en forma de cristales. Además, en pequeñas dosis o concentraciones, la lavanda se considera segura para niños y mascotas. Tanto si añade aire fresco a su hogar con aceites esenciales de lavanda como si coloca suavemente bolsitas en su oficina o casa, aproveche el poder purificador de las propiedades medicinales y espirituales de esta planta única.

Jazmín

El jazmín es una hierba mágica y curativa con orígenes en la historia antigua. Desde el momento en que se percibe su inconfundible fragancia, puede desatar toda una serie de vibraciones positivas. Al jazmín se le atribuyen varios significados espirituales. Entre ellos están la protección contra la energía negativa, la mejora de la claridad mental y la amplificación del amor y la devoción. El jazmín tiene numerosos usos prácticos en limpieza y protección:

- Puede quemar esencia de jazmín seca en su casa para limpiar el aire y atraer energía positiva.
- Mézclelo con lavanda para obtener la máxima serenidad.
- Aplique unas gotas sobre la almohada o las mantas para un sueño reparador.
- Prepare una infusión de hojas y bébala para purificar su cuerpo.
- Colóquese la flor alrededor del cuello para beneficiarse de sus propiedades medicinales.

Además, el jazmín es generalmente seguro para los niños y los animales domésticos cuando se utiliza correctamente.

Tomillo

El tomillo es una hierba curativa y protectora que existe desde hace siglos. Los griegos de la antigüedad lo utilizaban con fines medicinales. Tiene una larga historia en prácticas espirituales asociadas a rituales de limpieza, suerte y seguridad. A pesar de sus usos tradicionales, el tomillo sigue siendo popular en la vida moderna; se puede quemar para limpiar un espacio o hacer té. El tomillo tiene numerosas aplicaciones prácticas: añádalo como condimento a sus platos o ponga un poco en una maceta como amuleto protector. Aunque el tomillo es siempre seguro para los adultos, no debe usarse como condimento alimentario para los niños pequeños, y las mascotas deben mantenerse alejadas de la quema de tomillo, ya que el humo podría irritar sus pulmones. El tomillo ofrece muchos beneficios maravillosos cuando se utiliza correctamente.

Romero

El romero es una planta y una hierba curativa increíblemente versátil, que se utiliza con muchos fines de limpieza y protección. Se cree que trae buena suerte y protección al hogar, protege de las energías negativas y favorece la purificación. Además de sus usos prácticos, como ahuyentar insectos, transformar el agua del baño en un baño rico en magnesio, infundir té para el dolor de cabeza, mejorar la respiración y facilitar la digestión, a menudo se quema como incienso o se utiliza en amuletos para concentrarse en los problemas más difíciles de la vida. El aceite de romero puede empaparse en un algodón y difundirse por la habitación. Es seguro para niños y mascotas. También se puede llevar encima para atraer la buena suerte o como corona. Incorporar esta hierba milenaria a su vida puede traerle paz en estos tiempos de sobrecarga tecnológica.

Bambú

El bambú es mucho más que una planta, es un sanador polivalente. Recolectado y manipulado con cuidado, el bambú puede ser parte integrante de su rutina de limpieza espiritual. Se cree que el bambú absorbe la energía negativa, dejando el espacio libre de vibraciones indeseadas y protegiendo el aura de fuentes negativas externas. Tenga unos cuantos tallos alrededor de su casa u oficina para la riqueza, la buena suerte y la protección para incorporar el bambú a su práctica. Colóquelos en zonas de mucho tránsito, como las entradas, para que todos los que entren en casa o en el lugar de trabajo se beneficien de sus energías calmantes, o ate siete tallos frescos de color verde jade con una cinta roja y escóndalos en un rincón fuera de la vista para obtener una poderosa protección contra el mundo exterior. Además, el aroma del bambú seco quemado ayuda a crear un ambiente tranquilo en el interior. Tanto si se opta por hacer un sahumerio como por una exhibición de amor, el uso de esta misteriosa planta curativa no perjudicará a los niños ni a las mascotas, siempre que se tenga cuidado al manipular los materiales ardientes.

Espatifilo

El espatifilo (Spathiphyllum) es una hermosa adición a muchos hogares y jardines. Mucha gente no sabe que los espatifilos son hierbas y plantas con cualidades curativas, perfectas para la limpieza y la protección. Espiritualmente, los espatifilos pueden aportar seguridad, quietud interior y armonía. En la práctica, estas hierbas y plantas tienen una capacidad única para liberar una zona de energías negativas o generar vibraciones positivas cuando se utilizan en hechizos rituales.

Consejos de uso:
- Infusiones de flores u hojas para beber.
- Utilizar ramitas frescas sobre uno mismo u otros para la limpieza espiritual.
- Llevar los pétalos secos en una bolsita para alejar la mala suerte.
- Los espatifilos son seguros para niños y mascotas, pero cómprelos en tiendas o viveros de confianza para asegurarse de que son ecológicos, no procesados y cultivados sin fertilizantes sintéticos ni pesticidas.

Eucalipto

El eucalipto es una planta curativa con propiedades sobrenaturales. Su significado espiritual radica en su capacidad purificadora, protectora y limpiadora, lo que la convierte en una planta imprescindible en su práctica ritual. Quemarlo crea una conexión más plena y fuerte con el reino de los espíritus. En la práctica, es beneficioso para una aromaterapia potente y para reducir la ansiedad o el estrés. En general, el eucalipto es seguro para niños y mascotas, pero se recomienda la supervisión de los padres debido al calor y los vapores. Si se desea consumirlo, consulte a un herborista antes de buscar formas alternativas de ingerir esta poderosa planta.

Conclusión

La limpieza espiritual es un viaje hacia la paz interior y la pureza. Es un proceso de desprenderse de las energías negativas que le frenan y abrirse a las energías positivas y curativas que existen en su interior y a su alrededor. El camino hacia la limpieza espiritual no es fácil ni se realiza una sola vez. Es un viaje continuo que requiere paciencia, dedicación y la voluntad de dejar atrás el pasado para dejar sitio al futuro.

El núcleo de la limpieza espiritual es que las personas están formadas por energía, que puede bloquearse o estancarse con el tiempo. Las experiencias negativas, las emociones y los patrones de pensamiento pueden causar estos bloqueos, que se manifiestan en malestar físico, emocional y espiritual. Realizar prácticas y rituales que ayuden a liberar la negatividad y a reconectar con su verdadero yo, es esencial para eliminar estos bloqueos y restablecer el equilibrio.

El camino hacia la limpieza espiritual comienza con la voluntad de examinar sus creencias y comportamientos. Requiere una evaluación honesta de lo que le frena y el compromiso de hacer cambios positivos. Este proceso puede suponer un reto, ya que a menudo implica enfrentarse a verdades difíciles sobre uno mismo y su vida. Sin embargo, solo reconociendo y abordando estos problemas podrá empezar a avanzar hacia la curación.

Encontrará obstáculos y desafíos en su camino hacia la limpieza espiritual. Puede que le resulte difícil romper viejos patrones de pensamiento y comportamiento, o que las emociones negativas surjan en los momentos más inesperados. Sin embargo, la perseverancia y el compromiso con su crecimiento espiritual le harán más fuerte y más conectado con su verdadero yo.

Recuerde que el proceso de limpieza espiritual es único para cada persona. No existe un enfoque único, y lo que funciona para una persona puede no funcionar para otra. Debe encontrar las prácticas y rituales que resuenen con su alma y convertirlos en parte habitual de su rutina. Con cada paso adelante, se irá despojando de capas de negatividad y abrazará la luz interior.

El camino hacia la limpieza espiritual no es fácil, pero merece la pena recorrerlo. Restablecerá el equilibrio y la armonía de su energía mediante prácticas y rituales que le ayudarán a liberarse de la negatividad y a conectar con su verdadero yo. Este proceso no ocurrirá de la noche a la mañana, pero con dedicación y paciencia, puede transformar su vida de dentro a fuera. Así pues, permita que este libro le sirva de guía y fuente de inspiración en su viaje hacia la pureza espiritual y la iluminación.

Vea más libros escritos por Mari Silva

Su regalo gratuito

¡Gracias por descargar este libro! Si desea aprender más acerca de varios temas de espiritualidad, entonces únase a la comunidad de Mari Silva y obtenga el MP3 de meditación guiada para despertar su tercer ojo. Este MP3 de meditación guiada está diseñado para abrir y fortalecer el tercer ojo para que pueda experimentar un estado superior de conciencia.

https://livetolearn.lpages.co/mari-silva-third-eye-meditation-mp3-spanish/

¡O escanee el código QR!

Referencias

(S.f.). Beadage.net. https://beadage.net/gemstones/uses/purification/

(S.f.). Nataliemarquis.com. https://nataliemarquis.com/how-to-sense-energy-for-healing/

(S.f.). Yogainternational.com. https://yogainternational.com/article/view/what-are-the-7-chakras/

"11 señales de que necesita una desintoxicación espiritual y cómo conseguirlo". 2015. Mindbodygreen. 6 de julio de 2015. https://www.mindbodygreen.com/articles/signs-you-need-a-spiritual-detox.

10 maneras fáciles de limpiar su casa de energía negativa. (3 de abril de 2012). Mindbodygreen. https://www.mindbodygreen.com/articles/how-to-cleanse-your-home-of-negative-energy

6 cristales para protegerse de la gente tóxica y la energía negativa. (11 de febrero de 2020). Mindbodygreen. https://www.mindbodygreen.com/articles/crystals-for-protection

Anahana. (1 de septiembre de 2022). Cómo desbloquear los chakras en unos sencillos pasos. Anahana.com. https://www.anahana.com/en/wellbeing-blog/how-to-unblock-chakras?hs_amp=true

Beabout, L. (26 de mayo de 2022). Buenas vibraciones: Su guía completa para la meditación de los chakras. Greatist. https://greatist.com/health/chakra-meditation

Bryant, M. (13 de junio de 2022). 25 cristales para cargar y limpiar su energía. Sarah Scoop. https://sarahscoop.com/25-crystals-for-charging-and-cleansing-your-energy/

Capítulo 4. El paso a vibraciones superiores. (S.f.). Guía de meditación. Meditación de la felicidad.

Chee, C. (27 de septiembre de 2021). 6 de los mejores cristales para la protección: Significado y como usarlos. Blog de Truly Experiences; Truly Experiences. https://trulyexperiences.com/blog/crystals-for-protection/

Cho, A. (17 de junio de 2015). Cómo tiznar su casa para invitar a la energía positiva. The Spruce. https://www.thespruce.com/how-to-smudge-your-house-1274692

Choice, C. (18 de agosto de 2020). Práctica de 10 minutos para conectarse a tierra, respirar y calmarse. Mindful. Mindful Communications & Such PBC. https://www.mindful.org/10-minute-meditation-to-ground-breathe-soothe/

Christopher. (13 de septiembre de 2015). Formación en reiki nivel 1: Qué esperar y cómo prepararse. Chakra Meditation Info. https://www.chakrameditationinfo.com/reiki/reiki-healing/reiki-level-1-guide-to-reiki-practice/

Clarke, Gemma. 2022. "¿Qué es la Limpieza Espiritual? + los mejores rituales de limpieza para mejorar su campo energético." The Yoga Nomads (blog). Julien. 24 de septiembre de 2022. https://www.theyoganomads.com/spiritual-cleansing/.

Curtis, L. (29 de septiembre de 2021). 10 hierbas curativas con beneficios medicinales. Verywell Health. https://www.verywellhealth.com/healing-herbs-5180997

D'costa, M. (21 de noviembre de 2012). Sahumerio y cómo ayuda a limpiar el aura. Times Of India. https://timesofindia.indiatimes.com/life-style/home-garden/smudging-and-how-it-helps-to-cleanse-your-aura/articleshow/12866742.cms

Elkhorn, V. (12 de diciembre de 2019). La limpieza con humo como alternativa adecuada al sahumerio. The Alchemist's Kitchen. https://wisdom.thealchemistskitchen.com/smoke-cleansing-as-an-appropriate-alternative-to-smudging/

English, M. (24 de abril de 2018). Plantas curativas de las que debería rodearse. Martha Stewart. https://www.marthastewart.com/1527900/healing-plants-for-your-home

Estrada, J. (6 de marzo de 2020). 5 principios de reiki que puede usar para crear más facilidad y fluidez en su vida. Well+Good. https://www.wellandgood.com/reiki-principles/

Todo lo que siempre ha querido saber sobre los 7 chakras del cuerpo. (28 de octubre de 2009). Mindbodygreen. https://www.mindbodygreen.com/articles/7-chakras-for-beginners

Feldmann, E. (7 de febrero de 2019). Cómo usar cristales para protegerse en casa. Penguin.co.uk. https://www.penguin.co.uk/articles/2019/02/how-to-use-crystals-for-protection-at-home-hausmagick

Ford, Debbie. 2018. ""¿Es hora de hacer una limpieza espiritual?". Oprah.com. 8 de junio de 2018. https://www.oprah.com/inspiration/is-it-time-to-take-a-spiritual-cleanse.

Fosu, Kimberly. 2022. "3 Señales de que necesita una desintoxicación espiritual más formas de hacerlo." ZORA. 18 de enero de 2022. https://zora.medium.com/3-signs-you-need-a-spiritual-detox-immediately-plus-ways-to-do-it-f8ecc9bbbf98.

Girdwain, A. (14 de abril de 2019). Convoque su fuerza interior y confianza con estos poderosos cristales para la protección. Well+Good. https://www.wellandgood.com/crystals-for-protection/

Gleisner, E. (2002). Reiki. En Principios y práctica de la terapéutica manual (págs. 175-183). Elsevier.

Haria, D. (26 de agosto de 2021). Baño espiritual: Significado, rituales, técnicas, beneficios y más. F and B Recipes. https://fandbrecipes.com/spiritual-bath/

Haugen, D. (10 de febrero de 2021). Un baño ritual para equilibrar los chakras. Mindbodygreen. https://www.mindbodygreen.com/articles/balance-your-chakras-with-a-ritual-bath

Heidi. (S.f.). Limpieza de humos en todo el mundo. Mountainroseherbs.com. https://blog.mountainroseherbs.com/smoke-cleansing

Cómo elevar su vibración, por Sabrina Reber. (S.f.). Cómo elevar su vibración. Blogspot.com. http://howtoraiseyourvibration.blogspot.com/2011/03/actively-meditating.html?m=0

https://link.springer.com/article/10.1007/s10902-011-9286-2

Humphreys, K. (14 de agosto de 2019). Visualización de los chakras. Com.au; Head & Heart Mindfulness. https://www.headandheartmindfulness.com.au/blog-items/chakravisualisation?format=amp

IARP. (20 de abril de 2014). Historia del reiki: Lea sobre el origen y las tradiciones del reiki. IARP. https://iarp.org/history-of-reiki/

Jain, R. (13 de junio de 2019). Guía completa de los 7 chakras: Símbolos, efectos y cómo equilibrarlos. Arhanta Yoga Ashrams. https://www.arhantayoga.org/blog/7-chakras-introduction-energy-centers-effect/

Jain, R. (22 de diciembre de 2022). Cómo desbloquear los chakras con meditación y afirmaciones. Arhanta Yoga Ashrams. https://www.arhantayoga.org/blog/how-to-unblock-chakras-beginners-guide/?utm_source=google&utm_medium=cpc&utm_campaign=16771375909&utm_content=&utm_term=&gclid=Cj0KCQiArsefBhCbARIsAP98hXSkoM5bTDFkXuDwWKURDcvyTDJrs42d8nocO4aLCBSzZO_PVGkfDlcaAtiGEALw_wcB

Johnson, C. (6 de julio de 2021). Meditación de los chakras: Desbloquee los 7 chakras con una meditación guiada. Anahana.com. https://www.anahana.com/en/meditation/chakra-meditation?hs_amp=true

Judith, A., & White, A. (18 de marzo de 2022). La guía completa de los 7 chakras para principiantes.

Kalra, P. (20 agosto de 2022). Repita estos 5 principios de reiki diariamente para su mente, cuerpo y alma. Healthshots. https://www.healthshots.com/mind/happiness-hacks/reiki-for-mind-5-principles-you-must-affirm-everyday-for-mental-strength/

Kurt. (4 de julio de 2017). Encontrar su centro: Técnicas de meditación de enraizamiento. Earthing Canada. https://earthingcanada.ca/blog/grounding-meditation-techniques/

Kyteler, E. (S.f.). Cómo hacer un tarro de protección (ingredientes y hechizo). Eclecticwitchcraft.com. https://eclecticwitchcraft.com/how-to-make-a-protection-jar-ingredients-spell/

Laura. (3 de abril de 2020). 3 increíbles rituales de baños espirituales para hacer en casa durante la cuarentena. Hotel CoolRooms Palacio Villapanés Sevilla. https://coolrooms.com/palaciovillapanes/en/3-incredible-spiritual-baths-rituals-to-do-at-home-during-the-quarantine/

Lawrenson, A. (3 de septiembre de 2017). Meditación de los chakras: ¿El secreto para sentirse más tranquilo y enraizado? Byrdie. https://www.byrdie.com/chakra-meditation

Lieber, A. (S.f.). Cómo saber si sus chakras están bloqueados y cómo desbloquearlos. Dailyom.com. https://www.dailyom.com/journal/how-to-tell-if-your-chakras-are-blocked-and-how-to-unblock-them/?aff=91&ad=1&utm_source=google&utm_medium=cpc&utm_campaign=PerformanceMaxUK&acct=9358138875&cur=gbp&campaign_id=17483841340&gclid=Cj0KCQiArsefBhCbARIsAP98hXRWn-q_X091H7X4ZcIgx6gY-PFd_sQd0aVthUlimGZyUyUZ1dcDzTUaAq0lEALw_wcB

Lieber, A. (S.f.). Los 7 chakras principales: Lo que hay que saber y cómo trabajar con ellos. Dailyom.com. https://www.dailyom.com/journal/the-7-major-chakras-what-you-need-to-know-and-how-to-work-with-them/?aff=91&ad=1&utm_source=google&utm_medium=cpc&utm_campaign=PerformanceMaxUK&acct=9358138875&cur=gbp&campaign_id=17483841340&gclid=Cj0KCQiA6LyfBhC3ARIsAG4gkF-_3FfS2jnc4id0bCiuycfcP_FYwo2hOBaq5r1Powt2Q7LPTFnvQKEaApEIEALw_wcB

Lisa, P. (3 de febrero de 2020). El arte de la meditación. Centro de retiros El Arte de Vivir. https://artoflivingretreatcenter.org/blog/everything-you-need-to-know-about-meditation/

S.f. Yogabasics.com. https://www.yogabasics.com/connect/yoga-blog/spiritual-cleansing/.

Talismán de nueve hierbas para proteger el hogar. (11 de noviembre de 2015). Wiccan Spells. https://wiccanspells.info/nine-herb-home-protection-talisman/

Nortje, A. (1 de julio de 2020). Más de 10 técnicas de conexión a tierra (incl. Ejercicio en grupo). Positivepsychology.com. https://positivepsychology.com/grounding-techniques/

Paul, N. L. (27 de marzo de 2016). Hoja de trucos de reiki para dummies. Dummies. https://www.dummies.com/article/body-mind-spirit/emotional-health-psychology/emotional-health/reiki/reiki-for-dummies-cheat-sheet-209093/

Prasetyo, F. (15 de mayo de 2022). Cómo elevar su vibración: La guía definitiva para elevar su vibración. Lifengoal. https://lifengoal.com/how-to-raise-your-vibration/

Raypole, C. (5 de mayo de 2021). Meditación metta para el día de las madres.

Regan, S. (26 de abril de 2022). Cómo hacer de su baño una experiencia espiritual: 16 consejos y técnicas. Mindbodygreen. https://www.mindbodygreen.com/articles/spiritual-bath

Autotratamiento de reiki. (S.f.). Clínica Cleveland. https://my.clevelandclinic.org/health/treatments/21080-reiki-self-treatment

Safa Water. (S.f.). Baño de agua salada: Un ritual purificador, curativo y nutritivo para la mente y el cuerpo. Linkedin.Com. https://www.linkedin.com/pulse/salt-water-bath-cleansing-healing-nourishing-ritual-your-mind-

Smudging 101: Queme salvia para limpiar su espacio y a sí mismo de la negatividad. (13 de marzo de 2015). Mindbodygreen. https://www.mindbodygreen.com/articles/smudging-101-burning-sage

Stelter, G. (4 de octubre de 2016). Chakras: Guía para principiantes sobre los 7 chakras. Healthline. https://www.healthline.com/health/fitness-exercise/7-chakras

Los 3 niveles de reiki: Qué son y qué significan (1 de diciembre de 2014). Mindbodygreen. https://www.mindbodygreen.com/articles/the-3-levels-of-reiki

Los tres grados del reiki. (S.f.). Reiki-light.uk. https://reiki-light.uk/the-three-degrees-of-reiki/

Las 15 mejores plantas espirituales. (24 de diciembre de 2020). Floweraura Blog. https://www.floweraura.com/blog/plants-care-n-tips/top-10-spiritual-plants

¿Qué son los chakras? (S.f.). WebMD. https://www.webmd.com/balance/what-are-chakras

¿Qué es un baño espiritual, y lo necesito? Mujeres negras terapeutas. (S.f.). Blackfemaletherapists.Com. https://www.blackfemaletherapists.com/what-is-a-spiritual-bath-and-do-i-need-one/

Su guía de magia con velas. (S.f.). Rylandpeters. https://rylandpeters.com/blogs/health-mind-body-and-spirit/your-guide-to-candle-magic

Yugay, Irina. 2022. "Eliminar los problemas desde dentro usando la limpieza espiritual". Blog Mindvalley. 25 de noviembre de 2022. https://blog.mindvalley.com/spiritual-cleansing/.

Zoldan, R. J. (22 de junio de 2020). Los 7 chakras explicados y cómo saber si están bloqueados. Well+Good. https://www.wellandgood.com/what-are-chakras/amp

www.ingramcontent.com/pod-product-compliance
Lightning Source LLC
Chambersburg PA
CBHW070752220426
43209CB00084B/1230